기름 부음의
비밀

베니 힌 지음 | 김주성 옮김

# 기름 부음의 비밀

| 목차 |

## Part 1 삶을 위한 기름 부음

Chapter 1 기름 부음의 비밀 ·················································· 8
Chapter 2 기름 부음의 비밀 이해하기 ································· 12
Chapter 3 거하는 기름 부음의 비밀 ···································· 18
Chapter 4 하나님 임재 연습의 비밀 ···································· 34
Chapter 5 말씀과 예배가 불붙는 비밀 ································ 44
Chapter 6 완전히 변화되는 비밀 ········································· 51
Chapter 7 하나님의 임재에 들어가는 로드맵 ···················· 57


## Part 2 사역을 위한 기름 부음

Chapter 1 능력 기름 부음의 비밀 ········································ 68
Chapter 2 능력 기름 부음은 성장하고 증가한다 ··············· 76
Chapter 3 능력 기름 부음은 전달되고 저장될 수 있다 ···· 88
Chapter 4 찬양으로 주님께 하는 사역의 비밀 ·················· 97
Chapter 5 찬양이 예배로 바뀔 때 ······································· 104
Chapter 6 주님을 위한 사역이 아니라 주님께 하는 사역 ······· 110
Chapter 7 기름 부음을 흡수해 풀어놓는 비밀 ·················· 120
Chapter 8 높은 곳의 비밀 ···················································· 127

Chapter 9 엘리야 흐름과 엘리사 흐름의 비밀 ······· 132
Chapter 10 기름 부음의 순수함 보호하기 ········· 141
Chapter 11 능력 기름 부음을 약화하는 여섯 가지 ······· 150
Chapter 12 능력 기름 부음을 보호하는 일곱 가지 ······ 164


## Part 3 예언의 기름 부음

Chapter 1 예언적 기름 부음의 비밀 ············ 176
Chapter 2 예언적인 것의 네 가지 영역 ·········· 179
Chapter 3 예언의 은사에 대한 오해들 ··········· 187
Chapter 4 선지자와 하나님의 구속 계획 ········· 193
Chapter 5 통치 기름 부음 이해하기 ············ 197
Chapter 6 통치 기름 부음에 대한 계시 ·········· 203
Chapter 7 마지막 때의 통치 기름 부음 ·········· 220
Chapter 8 당신의 승리를 인치는 열쇠들 ········· 237


주 _246

# Part 1
# 삶을 위한 기름 부음

Chapter 1

# 기름 부음의 비밀

오늘날 성령의 기름 부음은 참으로 절실하고 유용하다. 성령의 능력은 흉내 낼 수는 있지만, 완전히 똑같이 복사할 수는 없다. 우리는 대체할 수 없는 기름 부음이 있어야 하며, 그 기름 부음은 다른 종교나 영성 추구 집단과 비교 되지 않는다. 믿는 사람의 생활 속에 꼭 있어야 할 기름 부음을 교회에서 그동안 오해하고 잘 가르치지 않았다. 그래서 이 책의 목적은 기름 부음의 비밀을 드러내어 하나님의 능력이 삶 속에 뚜렷이 나타나게 하는 것이다.

성경은 예수님을 믿으면 하나님 앞에서 왕 같은 제사장이 된다고 말한다. 우리는 높은 부르심의 자리로 올라가서 하나님이 우리에게 약속하신 모든 것이 되는 기름 부음을 받았다. 기름 부음은 그리스도 예수 안에 있는 우리의 자리를 시작하게 하고 확증해 준다.

찰스 스펄전은 그의 책 《다윗의 보물 창고 The Treasury of David》에서 시편 23편을 강해하며 이같이 말한다. "모든 그리스도인은 제사장이지만, 기름 부음 없이는 제사장직을 수행할 수 없다. 그러므로 우리는 매일 성령 하나님께 나아가 머리에 기름 부음을 받아야 한다. 제사장이 기름 부음을 받지 않으면 큰 결격 사유이듯이, 기독교 사역자에게 새로운 은혜가 없으면 큰 결격 사유다."[1]

근래 수십 년 사이에 아직 예수님을 믿지 않고 알아가는 구도자를 배려하는 교회들과 사역들이 생겼고 그 부작용으로 성령의 기름 부음과 은사를 부끄러워하는 수준이 되었다. 기름 부음이 감춰지고 가려졌다. 그래서 성령의 능력이 충만한 세대 대신 깊이 없고 능력이 없는 신자들의 세대가 나타났다. 그러나 하나님이 이 세대를 구하실 것이고 하나님의 교회에 큰 능력을 회복하실 것이다.

그리스도의 몸을 약하게 한 바이러스의 항생제가 이 책에 있다. 결박되고 짓눌려 웅크린 세대의 사람들을 해방할 기름 부음이 필요하다. 하나님이 불을 붙여 주실 테니 준비하라. 하나님의 기름 부음이 연료가 되어 성령의 불을 지피신다. 하나님의 깊고 강력한 기름 부음을 받아들일 마음의 문을 열고 하나님을 위하여, 그리고 당신의 삶에 대한 하나님의 목적을 위하여 새로운 열정으로 불탈 준비를 하라.

나는 약 40년 동안 능력 있는 사역을 했지만, 이후에는 인생에서 가장 괴로운 시절을 겪었다. 사역자나 신자라고 해서 정신적·신체적·정서적 고통이 면제되지 않는다. 하나님은 우리에게 어려운 때가 절대로 없을 거라고 약속하지 않으셨다. 다만 홀로 감당하지 않을 거라고 약속하셨다. 하나님은 우리를 떠나지도 버리지도 않으신다고 말씀으로 보증하셨다.

내 인생의 그때는 가족에게도 매우 고통스러웠다. 때때로 하나님은 우리를 가르치기 위해 산꼭대기에서 골짜기로 내려보내셨다. 우리가 골짜기를 걸은 기간은 무려 3년이나 이어졌다. 아내 수잰은 수십 년 전부터 이어져 온 개인적 위기를 만났다. 하나님은 수잰과 우리 가정을 그 모든 것 가운데 지켜보고 계셨다. 수잰이 얻은 개인적 승리를 간증할 때 많은 사람이 용기와 힘을 얻었다.

그 고통스러운 시절에 배운 것이 있다. 하나님은 기름 부음을 우리 삶에 여러 방식으로 사용하신다. 하나님의 백성을 통해 여러 가지 기름 부음이 흘러간다. 힘든 시기를 겪기 전까지 나는 그것을 몰랐다. 어느 학교에서도 배운 적이 없었다. 오직 성령께서만 이런 것들을 계시하실 수 있다. 그 당시에 나는 여전히 기름 부음 아래 사역했고 내 사역에는 기름 부음에 아무 문제가 없었지만, 집에서 내 삶은 힘들었다.

그리고 나는 의문을 품게 되었다. 사생활이 힘들고 심지어 나의 영적 삶이 힘들어도 사역의 기름 부음에는 영향이 없었기 때문이다. 그런데 알고 보니 놀라운 것이 있었다. 사역 직분 위의 기름 부음은 내 삶 속의 기름 부음과 상관이 없었다. 내 삶 속의 기름 부음은 별개였다.

성경에서 주님께서는 "네 가장 깊은 존재(배)로부터 강들이 흐를 것이다"라고 말씀하셨다. 하나의 강이 아니었다. 둘이나 셋도 아니었다. 하나님은 강들이라고 말씀하셨다. 몇 개의 강인지 하나님은 말씀하지 않으셨다. 그래서 나는 아직도 그 강들을 발견하는 중이다. 나는 내 인생의 이 고통스러운 시절에 기름 부음의 강들이 여러 개라는 것을 알게 되었다. 나는 이것을 알기 위해 그 시절을 겪을 필요가 있었다. 나중에 주님께서 나의 개인적 삶을 영적·정서적·신체적으로 회복시키셨고, 나는 그 시절을 통해 배웠다. 지나간 세월이 헛되지 않아서 기쁘다. 하나님은 우리 삶의 고통을 사용해서 우리를 성장시키실 수 있다. 하나님은 우리의 고통이 헛되이 낭비되게 하지 않으신다.

로마서 8장 28절에서 약속한다. "우리가 알거니와 하나님을 사랑하는 자 곧 그의 뜻대로 부르심을 입은 자들에게는 모든 것이 합력하여 선을 이루느니라."

내가 그 고통스러운 시절을 겪지 않았다면 이 책을 쓰지 않았을 것이다. 이 책을 쓴 이유는 이 메시지를 전 세계에 전하면서 사람들이 이 계시를 잘 모른다는 사실을 알았기 때문이다. 성령이 알려 주신 기름 부음의 여러 강은 하나님의 백성에게 새로운 개념이다. 이것은 나에게 계시였고, 다른 책에서 읽거나 배운 적이 없다.

이제 함께 깊은 곳으로 뛰어들어 하나님의 귀한 기름 부음의 강들을 발견하자.

Chapter 2
# 기름 부음의 비밀 이해하기

당신은 영이다. 이것을 잠시 묵상하라. 당신은 혼이 아니다. 당신은 몸도 아니다. 당신은 영이다. 당신은 혼을 가지고 있다. 당신은 몸 안에 산다. 그러나 본질적으로 당신은 영이다. 이것이 바로 당신이다. 당신의 몸은 진짜 당신이 아니다. 진짜 당신은 당신의 영이다.

당신이 구원받는 순간, 뭔가 역동적인 일이 일어난다. 성령이 당신의 영과 하나가 되는 것이다. 고린도전서 6장 17절에서 분명히 일컫는다. "주와 합하는 자는 한 영이니라." 성령과 당신의 영이 하나가 된 그 순간에 생명, 거듭남, 정결, 새로워짐이 일어난다. 성령과 당신의 영이 하나 된 그 순간에 강력한 힘이 임했다. 우리 안의 그 힘이 바로 기름 부음이다.

하나님의 기름 부음은 광범위한 주제다. 이에 대한 공부는 끝이 없다고 할 수 있다. 왜냐하면 매우 광범위하기 때문이다. 한 책에 다 담을 수 없다. 그래도 나는 최대한 이 책에서 성경의 흥미롭고 감춰진 부분들을 알아보려 한다. 나는 이것을 기름 부음의 비밀이라고 부른다. 왜 주 예수님, 모세, 다윗, 바울의 삶에 그런 일들이 그런 식으로 일어났는지 살펴보겠다. 아마 당신도 그들의 삶에 왜 그런 일이 일어났는지 궁금할 것이다. 이것은 신비한 비밀이다. 성경의 모든 비밀에는 답이 있다.

이 책은 총 3부로 구성되었고 점진적으로 발전하는 형식을 취했다. 기름 부음의 요소들을 살펴보면 점점 더 깊은 수준을 발견할 것이다. 수준이 깊어질수록 그 수준에서 사역하는 사역자들의 수는 적어진다.

시작은 모든 사람이 구원받을 때 받는 내적 기름 부음이고 그다음에 외적 기름 부음으로 발전한다. 하나님께서 이런 기름 부음을 주시는 이들은 하나님의 사역에 삶을 바치고 헌신하여 하나님의 그릇이 되기로 결단한 사람들이다. 앞으로 임할 열방의 나라들을 위한 엘리야 기름 부음에 대해서도 살펴볼 것이다. 지금까지 이런 기름 부음을 받은 사람은 극소수였다.

대부분 사람은 이런 기름 부음이 존재하는지도 잘 모른다. 설령 안다 해도 그런 기름 부음이 왜 존재하는지 잘 모른다. 그래서 내 목표는 이 중대한 주제에 대해 하나님의 말씀을 나누고 40년 넘게 사역하면서 경험한 것을 나누는 것이다. 요한복음 8장 32절이다. "진리를 알지니 진리가 너희를 자유롭게 하리라." 당신이 진리를 알아야만 그 진리가 당신을 자유롭게 할 수 있다. 이 책을 읽으면서 기름 부음을 더 이해하게 될 것이고 그래서 더욱 더 기름 부음 안에서 행하며 하나님의 도구가 되고 하나님의 기준에 맞춰질 것이다.

나는 역사상 가장 뛰어난 사람들을 가까이에서 보았고 하나님이 그들을 어떻게 사용하시는지 직접 목격했다. 캐더린 쿨만Catherine Coolman 재단에서 4년 동안 일하면서 많이 배웠고, 렉스 험바드Rex Humbard나 오랄 로버츠Oral Roberts와도 절친한 사이였다. 이 책에서 설명하는 비밀에 대해 그 누구보다 오랄 로버츠와 많은 이야기를 나누었다. 그의 생애 마지막 몇 년 동안 거의 매주 그의 집에 방문해서 몇 시간씩 이야기하였다.

이런 사람들을 가까이하다 보면 뭔가 배울 수밖에 없다. 또 몇십 년 동안 사역하다 보면 뭔가 배울 수밖에 없다. 그들의 영향이 이 책과 내 사역에 고스란히 남아 있다. 그러나 그들과 교제하고 가르침을 받으며 수십 년 동안 전 세계에서 사역한 후에도 잘 몰랐다가 나중에 깨달은 것도 이 책에 담았다. 불과 몇 년 전에야 비로소 주님께서 기름 부음에 대한 심오한 깨달음들을 많이 주셨다. 이는 책이나 강의에서 배운 것이 아니다. 주님을 찾고 말씀을 구하며 발견한 것이다. 내가 답을 찾을 때 주님께서 계시하신 것들을 나누려 한다.

## 세 가지 큰 기름 부음

성경에 세 가지 큰 기름 부음이 있다. 거하는 기름 부음, 능력 기름 부음, 통치 기름 부음이다.

## 1. 거하는 기름 부음 The abiding anointing

너희는 주께 받은 바 기름 부음이 너희 안에 거하나니 아무도 너희를 가르칠 필요가 없고 오직 그의 기름 부음이 모든 것을 너희에게 가르치며 또 참되고 거짓이 없으니 너희를 가르치신 그대로 주 안에 거하라 (요한일서 2:27)

요한일서 2장 27절의 기름 부음은 거하는 기름 부음이고, 삶을 위한 것이다. 내적 기름 부음이 내면에서 역사하여 하나님과의 교제를 깊어지게 한다. 거하는 기름 부음은 행동이 아니라 삶을 위한 것이다. 이 내적 기름 부음이 사람의 영에 영향을 미친다. 대체로 거하는 기름 부음은 혼이나 몸을 위한 것이 아니다.

거하는 기름 부음은 당신 안에 머문다. 하나님의 자녀 안에 거한다. 그리고 당신의 마음, 삶, 하나님과의 동행, 하나님과의 교제에 영향을 미친다. 하나님의 것들을 계속할 수 있도록 은혜를 준다. 거하는 기름 부음이 당신 안에서 당신을 가르치고 매일 세워준다는 것을 알아야 한다. 당신은 고립되어 있거나 혼자가 아니다. 거하는 기름 부음이 늘 당신에게 흐르고 있다.

## 2. 능력 기름 부음

오직 성령이 너희에게 임하시면 너희가 권능을 받고 예루살렘과 온 유대와 사마리아와 땅 끝까지 이르러 내 증인이 되리라 하시니라 (사도행전 1:8)

사도행전 1장 8절의 기름 부음은 외적 기름 부음이다. 능력 기름 부음은 사역과 성령의 은사들에 영향을 미친다. 이것은 봉사를 위한 기름 부음이다. 사역 직분에 대한 소명이 있든 없든, 복음을 전할 능력을 준다.

거하는 기름 부음은 매일의 삶을 위한 것이며 모든 신자에게 주신다. 능력 기름 부음은 분명히 봉사를 위한 것이므로 사람들에게 사역하며 하나님을 섬기는 데 헌신한 사람들에게 주신다. 이 기름 부음은 영이 아니라 몸과 혼에 영향을 미치며, 행함을 위한 것이다. 신앙생활이나 영성에 꼭 영향을 미치는 것은 아니다. 이것은 선물이다. 주님께 신실하다고 증명된 사람들에게 외적 기름 부음을 주신다. 모든 그리스도인이 봉사하기로 결단한 것은 아니므로 모든 그리스도인이 능력 기름 부음을 받지는 않는다.

## 3. 통치 기름 부음

그 날에 그의 무거운 짐이 네 어깨에서 떠나고 그의 멍에가 네 목에서 벗어지되 기름진 까닭에 멍에가 부러지리라 (이사야 10:27)

이사야서 10장 27절의 통치 기름 부음은 매우 드물고 강력한 기름 부음이다. 세상을 바꾸는 이 기름 부음은 특히 나라들에 영향을 미치고 왕국들을 세우거나 멸하는 능력이 있다. 이 기름 부음을 가진 사람은 매우 드물고, 나는 이것을 '엘리야 기름 부음'이라고 부른다. 이 기름 부음이 모세, 여호수아, 이사야, 예레미야, 에스겔, 엘리야, 엘리사 이 외에도 구약의 몇 명 위에 머물렀다. 왕국들을 세우거나 멸하기 위해 하나님이 예언하게 하신 사람들에게 이 기름 부음이 머물렀다.

나는 우리가 기름 부음의 엘리야 영역에 들어가고 있다고 믿는다. 엘리야 영역은 우리가 지금까지 이 땅에서 별로 본 적이 없는 영역이다. 기름 부음의 엘리야 영역이 잠깐씩 나타나거나 어느 시절에 나타났다 사라지곤 했다. 그런데 우리는 곧 엘리야 시대에 다시 들어갈 것이다. 오직 이 기름 부음만이 이세벨의 영, 즉 사술의 영을 멸할 것이다. 이 기름 부음은 몇 마디로 설명할 수 없다.

이 책에 나오는 순서는 갈수록 기름 부음에 대한 책임이 더 커지고 하나님 나라에서 받는 상급도 더 크다.

기름 부음은 하나님이 당신의 삶에 주시는 모든 것의 기반이다. 하나님이 나를 사용하시고 계속해서 사용하시려면 삶에 어떤 견고한 기반을 놓아야 하는지 나는 오랜 시간을 통해 배웠고 이를 이 책에서 나누려 한다. 이것이 당신을 무너지지 않게 할 것이다. 당신이 이 통찰들로 힘을 얻어 놀라운 주 예수님과 늘 교제하게 하며 실족하지 않게 할 것이다.

Chapter 3

# 거하는 기름 부음의 비밀

요한일서 2장 27절의 거하는 기름 부음은 이 책의 핵심 열쇠다. 이 책과 성경에서 이 구절에 밑줄을 긋기 바란다. 하나님이 주시는 모든 것의 기반이 되는 강력한 진리가 담겨 있다.

너희는 주께 받은 바 기름 부음이 너희 안에 거하나니 아무도 너희를 가르칠 필요가 없고 오직 그의 기름 부음이 모든 것을 너희에게 가르치며 또 참되고 거짓이 없으니 너희를 가르치신 그대로 주 안에 거하라 (요한일서 2:27)

이 기름 부음은 예수님이 당신 안에 거하시므로 당신도 예수님

안에 거하게 해준다. 영어로 살펴보면, '너희는 주께of him 받은 바 기름 부음이'로 시작한다. 첫 번째로 주목할 단어는 '께of'다. 요한은 이 기름 부음이 하나님'으로부터'가 아니라 하나님'의' 기름 부음이라고 말한다.

주님께 받은 이 기름 부음은 주님으로부터 받은 기름 부음과 다르다. 주님께 받은 기름 부음은 요한일서에 나타난 삶을 위한 내적 기름 부음이다. 주님으로부터 받은 기름 부음은 사도행전 1장 8절에 있는 사역을 위한 외적 기름 부음이다. 이렇게 단어가 다른 이유가 있다. 나는 간단한 이 사실을 발견하는 데 오랜 세월이 걸렸다. 당신도 이것을 이해하면 획기적으로 생각이 바뀔 것이다. 삶을 위한 기름 부음은 하나님의 것이고, 사역을 위한 기름 부음은 하나님으로부터 온 것이다.

'하나님의of Him'라고 하면 하나님이 원천이라는 의미다. 이 기름 부음은 하나님이다. 하나님으로부터의 선물이 아니다. 만일 내가 어떤 사람에게 "이것을 나로부터 가져가시오"라고 하면, 내가 그것을 가지고 있다는 의미다. 만일 내가 그것을 가지고 있으면, 누군가가 내게 준 것이다. 내가 그것을 가지고 있으면, 갖기 시작한 시점과 가지지 않았을 때도 있을 것이다.

그러나 내가 누구에게 "나의 일부분을 가져가시오"라고 하면 가져갈 수 없다. 내가 그것이기 때문이다. 거하는 기름 부음은 하나님께 속한다. 그 기름 부음이 하나님이기 때문이다. 그래서 구약에서 주가 "나는 스스로 있는 자"라고 말씀하셨다. 그 의미는 하나님이 생명을 가지신 것이 아니라, 하나님이 생명이라는 것이다. 하나님이 능력을 가지신 것이 아니라, 하나님이 능력이시다. 물론 하나님이 은사로 주시는 능력도 있다.

이 구절에서 이 기름 부음이 '너희 안에 거하나니'라고 한다. 이 기름 부음은 거한다. 왔다 가지 않는다. 사도행전 1장 8절의 능력 기름 부음은 거하지 않는다. 당신이 사역할 때 하나님이 당신에게 기름 부으시고 사역이 끝나면 기름 부음이 떠난다. 능력 기름 부음은 특정한 순간, 특정한 임무를 위해 주님께로부터 온다. 한 시절 동안 어떤 이유를 위해 임한다. 반대로 거하는 기름 부음은 떠나지 않고 머문다. 기름 부음이 거하고 더 강해지고, 거하고 성장하고, 거하고 모든 것을 계시한다.

주목하라. 성경은 거하는 기름 부음이 당신 안에 있다고 말한다. 반면에 능력 기름 부음, 즉 사역을 위한 기름 부음은 당신 위에 머문다. 능력 기름 부음은 나중에 임하지만, 거하는 기름 부음은 구원받을 때 임한다.

이어서 이같이 언급한다. '아무도 너희를 가르칠 필요가 없고 오직 그의 기름 부음이 모든 것을 너희에게 가르치며.' 당신이 구원받을 때 거하는 기름 부음이 당신의 영에 들어오고 당신의 마음과 하나가 된다. 하지만 계시의 기름 부음은 하나님에 대한 모든 것을 계시하고, 모든 것을 가르치며 그 계시는 끝이 없다.

왜 요한은 아무도 너희를 가르칠 필요가 없다고 말했을까? 요한 일서 2장 전체를 읽어 보면 신자들에게 경고하고 있다는 것을 알 수 있다.

> 너희를 미혹하는 자들에 관하여 내가 이것을 너희에게 썼노라

요한은 경고한다. 예수님이 누구인지의 진리에서 벗어나게 하려고 사람들이 당신을 잡아당길 것이다. 그래서 요한은 기름 부음이 너희 안에 거하나니 아무도 너희를 가르칠 필요가 없다고 말한다. 거하는 기름 부음은 예수님이 정말로 하나님의 아들이라고 가르친다. 예수님이 누구인지 성령이 우리 마음에 계시하신다. 그것은 참되고 거짓이 없다.

당신이 구원받은 순간, 성령이 당신의 영과 하나가 된다. 제일 처음에 일어나는 일은 당신 안에서 믿음이 폭발하는 것이다. 당신의 삶에서 주 예수님이 누구인지 성령으로 즉시 알게 된다. 예수님이 누구인지 아무도 당신에게 가르쳐 줄 필요가 없다. 그래서 아무도 당신을 유혹할 수 없다. 당신을 유혹하려 해도 성공하지 못한다. 이미 당신 안에 진리가 있기 때문이다. 예수님이 당신 안의 진리이시다.

## 거하는 기름 부음과 능력 기름 부음

요한이 거하는 기름 부음이 "참되고 거짓이 없으니"라고 말한 것은 그 기름 부음 안에 거짓이 없다는 의미다. 이 기름 부음은 계시해

주고 보호해 준다. 당신이 속지 않도록 보호해 준다. 기름 부음이 당신 위에 있으면 속을 수 있지만, 당신 안에 있으면 속지 않는다. 다시 말해, 외적 (능력) 기름 부음은 속는 걸 허락하지만, 내적 (거하는) 기름 부음은 당신이 속지 않도록 보호해 준다.

그러므로 어떤 사람 위에 기름 부음이 임해서 사역하고 복음을 전하더라도 마귀가 그를 속일 수 있다. 주님께 쓰임 받으면서도 주님을 알지 못할 수 있다. 이를 잠시 생각해 보라. 성경은 말한다. "그 날에 많은 사람이 나더러 이르되 주여 주여 우리가 주의 이름으로 선지자 노릇 하며 주의 이름으로 귀신을 쫓아 내며 주의 이름으로 많은 권능을 행하지 아니하였나이까 하리니 그 때에 내가 그들에게 밝히 말하되 내가 너희를 도무지 알지 못하니"(마 7:22-23). 이것은 참으로 모골이 송연한 진리다. 성경을 알고 설교하며 사역의 기름 부음 아래 있는 사람이 주님을 모를 수 있다. 다시 말해 그 사람은 주님과의 교제가 없고 주님을 친밀히 알지 못할 수 있다.

사울왕이 바로 그런 예다. 그는 왕으로서 통치할 줄 알았지만, 주를 몰랐다. 다윗은 주님을 알았다. 주님을 아는 것이 핵심이다. 주님을 아는 것이 삶과 사역의 기반이다. 삶의 가장 큰 계시는 주님을 친밀히 알아서 주님이 당신에게 생생히 다가오고 당신 안에 나타내시는 것이다.

바울은 거하는 기름 부음에 대해 이렇게 말했다.

우리 가운데서 역사하시는 능력대로 우리가 구하거나 생각하는 모든 것

에 더 넘치도록 능히 하실 이에게 (에베소서 3:20)

우리를 '통해서'가 아니라 우리 '가운데서' 역사하신다고 말한 것에 주목하라. 에베소서 3장 20절과 요한일서 2장 27절이 똑같은 기름 부음에 대해 말하고 있다. 그것은 그리스도인의 삶을 위한 내적 (거하는) 기름 부음이다.

거하는 기름 부음은 우리 안에서 역사하는 반면에 능력 기름 부음은 우리를 통해 역사한다.

거하는 기름 부음은 삶을 위한 것인 반면에 능력 기름 부음은 사역을 위한 것이다.

거하는 기름 부음은 계시하고 나타내기 위한 것인 반면에 능력 기름 부음은 능력을 보여 주기 위함이다.

거하는 기름 부음으로 주님이 내 영 안에 주님을 나타내신다. 이는 다른 사람들이 주님을 알게 하려는 것이 아니다. 주님이 내 안에 주님을 나타내사 내가 주님을 알게 하신다. 반면에 능력 기름 부음은 사역자를 통해 하나님의 능력을 보여 줘서 다른 사람들이 주님을 알게 하는 것이다.

요한일서에서 거하는 기름 부음의 진리가 우리에게 계시된다고 말한다. 하나님이 우리에게 자신을 계시하신다. 이는 또한 우리를 변화시키는 것이기도 하다. 그리스도인이자 하나님의 종이자 개인인 우리를 변화시킨다.

마지막으로, 요한일서 2장 27절에서 "너희를 가르치신 그대로 주 안에 거하라"고 말한다. 즉 거하는 기름 부음은 당신을 주님 안에 거하게 한다. 거하는 기름 부음은 강력해서 오래 참는 능력에 불을 붙여 당신을 지켜준다. 따라서 우리는 내적 기름 부음으로 보호된다.

## 거하는 기름 부음의 세 가지 특징

거하는 기름 부음에는 세 가지 특징이 나타난다. 갈급함, 믿음, 사랑이다. 이 세 가지가 구원받을 때 주 예수님과 하나 되는 순간에 생긴다.

### 1. 갈급함

아기가 태어나면 배고파서 먹으려고 한다. 신체적 배고픔은 생명의 징후다. 영적으로도 마찬가지다. 당신이 거듭난 순간, 당신은 예수님과 하나가 되고 영적 갈급함을 느낀다. 그 순간부터 영적 갈급함은 당신 삶의 일부다. 말씀을 통해 하나님의 임재를 더욱더 찾게 된다.

### 2. 믿음

구원받을 때 나타나는 두 번째 특징은 믿음의 폭발이다. 당신은 예수님이 하나님의 아들이시고, 당신의 죄를 위해 죽으셨고, 죽음에서 살아나셨음을 안다. 이것이 사실임을 어떻게 아는가? 책에서 읽지 않아도 성령으로 아는 것이다. 성령께서 내적으로 알게 하신다. 당신이 주님께 속하고, 주님이 당신을 사랑하시고, 천국이 당신의 집이고, 보혈의 능력으로 자유롭게 하고, 당신이 구속되었음을 알게 하신다. 이렇게 내적으로 아는 것이 믿음이다. 하나님이 주시는 믿음을 받으면 그게 진짜라고 확신하려 애쓰지 않아도 된다. 주님이 당신에게 생생한 현실이 되어 심지어 당신의 삶보다 더 생생해진다.

믿음의 다른 유형이 있는데 첫째는 믿음의 씨다. 당신이 구원받을 때 하나님이 당신의 삶에 믿음의 씨를 주셔서 즉시 그분이 당신의 하나님이심을 안다. 이것이 바로 주 예수님이 당신 영혼의 구원자이심을 아는 믿음이다.

둘째는 믿음의 열매다. 하나님이 믿음의 씨를 당신의 삶에 뿌리신 후에 그 씨가 당신의 마음을 사로잡고, 자라서 소위 성령의 열매라고 하는 열매를 맺는다.

셋째는 믿음의 은사다. 이 유형의 믿음은 다르다. 왜냐하면 당신과 하나님의 관계를 위한 믿음이 아니기 때문이다. 믿음의 은사는 다른 사람들에게 사역하기 위한 것이다. 그리고 사역을 위한 모든 은사는 사도행전 1장 8절에 있는 능력 기름 부음 아래서 임한다.

### 3. 사랑

구원받을 때 나타나는 세 번째 특징은 성령께서 전에 없었던 주 예수님에 대한 사랑을 주시고 주님을 알려는 갈망, 주님과 동행하려는 갈망, 주님을 섬기려는 갈망이다. 이것이 사랑이다. 주 예수님과 하나 된 순간, 주님을 알려는 큰 갈망이 생긴다. 성경은 우리가 주 예수님을 보지 못했지만 사랑한다고 말한다(벧전 1:8).

나는 1972년 2월 14일에 예수님과 사랑에 빠졌다. 토론토 고등학교에서 내게 늘 예수님에 관해 얘기하는 아이들이 있었고 나는 그들이 미쳤다고 생각했다. 그들이 하는 거라곤 돌아다니며 "예수님이 널 사랑하셔"라고 말하는 것 외에는 없는 것 같았고 나는 어떻게 반응해야 좋을지 몰랐다. 그런데 그들은 포기하지 않았다. 고등학교 3학년 내내 그들은 예수님이 나를 사랑하신다고 말했다.

그러다 1972년 2월 13일 밤에 놀라운 일이 일어났다. 절대 잊지 못할 꿈을 꾼 것이다. 나는 계단을 통해 깊은 구덩이로 들어가고 있었다. 다른 포로들과 함께 쇠사슬에 묶여 있었는데 반은 사람이고 반은 동물인 존재가 어서 내려가라고 독촉했다. 출구는 없었고 계단 끝에는 깊은 어둠뿐이었다.

그때 한 천사가 내 옆에 나타났다. 나 외에는 아무도 그 천사를 못 봤는데 천사가 내게 오라고 손짓했다. 그 순간 쇠사슬이 내 몸에서 떨어졌다. 천사가 내 손을 잡았고 갑자기 문이 나타나 활짝 열렸다. 천사는 내 손을 잡아 이끌어 문밖으로 나가 공중을 날아서 우리 고등학교 창밖의 거리 모퉁이에 내려 주었다. 땅에 내리자마자 나는 꿈에서 깼다. 나는 이것이 무슨 의미인지 몰랐다. 그런데 불과 몇 시간 후에 그 장소가 내게 아주 의미심장해졌다.

나는 일찍 잠에서 깨어 학교에 가자마자 도서관으로 직행했다. 항상 예수님 얘기를 하던 아이들이 도서관에서 열리는 아침 기도회에 초청한 적이 있기 때문이다. 나는 생각했다. '뭐 해로울 것은 없겠지. 내가 한번 참석해 주면, 더는 나에게 달라붙지 않을 거야.' 나는 기도회에 참석했다. 모두들 방언으로 기도하고 있었다. 방언은 생전 처음 들었다.

한편으로는 무서우면서도 내 위에 임재가 임하는 것을 느끼며 압도되었다. 나는 예수님께 "제 마음에 들어오세요"라고 기도할 줄도 몰랐고, 아이들도 "이렇게 하면 구원받아. 내 기도를 따라 해"라고 하지도 않았다. 그저 다들 방언으로 기도했고, 나는 감정이 복받쳐 울었다.

나는 고개를 숙이고 소리 내어 말했다. "예수님, 돌아오세요!" 내가 이렇게 말한 이유는 열한 살 때 주님께서 내게 임하셨던 적이 있었기 때문이다. 그러나 그때 이후로 아무 일도 없었다. 나는 예수님이 열한 살 때 내가 만난 그분임을 알았기 때문에 "돌아오세요!"라고 말했던 것이다. 기도회는 끝났고 아이들은 내게 아무 말도 하지 않았다.

1교시 수업에 들어가는 것 말고 뭘 해야 할지 몰랐다. 내게 무슨 일이 일어났지만, 그게 정확히 뭔지 말할 수도 없었다. 나는 수업에 좀 늦게 들어갔고 선생님은 이미 수업을 시작하셨다. 내 머릿속은 온통 '예수님이 돌아오실 거야!'라는 생각뿐이었다. 내면에서 뭔가가 나에게 그렇게 말해서 나는 그 생각뿐이었다. 수업 내용이 귀에 들어오지 않아서 책상에 엎드렸다. 엎드리자마자 흰옷을 입은 예수님이 갈릴리 바다 위를 걸어 내게 오시는 것이 보였다. 눈을 떠도 여전히 예수님이 보였다.

나는 수업 시간에 엄청나게 큰 소리로 울었다. 나는 외쳤다. "예수님, 사랑해요!" 그래서 수업이 중단되었다. 선생님은 어쩔 줄 몰라 하셨다. 옆 자리에 앉아 있던 내 사촌이 "쉬! 조용히 해!"라고 했지만, 나는 상관하지 않았다. 나는 계속 "예수님, 사랑해요!"라고 말했다.

나는 하루 종일 울면서 "예수님, 사랑해요!"라는 말만 고백했다. 그러다 방과 후에 도서관 창문을 봤다. 그리고 전날 밤 꿈이 되살아났다. 그곳은 꿈에서 착지한 지점이었고 꿈속의 그 창문은 내가 그날 주 예수님을 만난 도서관 창문이었다.

주님이 나를 이끌고 계심을 즉시 알았고, 나도 전심으로 주님을 사랑했다. 누가 그런 사랑을 내 마음에 주셨을까? 성령이었다.

기도회에 초청했던 아이들은 나를 교회에도 초청했다. 목요일 저녁에 나는 아이들과 토론토 카타콤 교회에 갔다. '여호와 이레'를 작곡한 머브 왓슨Merv Watson과 멀라Merla 사모가 이끄는 교회였다. 그날 밤의 초청 강사는 예수전도단YWAM 설립자 로렌 커닝햄Loren Cunningham이었다. 로렌은 설교 후에 결신자는 앞으로 나오라고 했고, 주님께서 내게 들리는 음성으로 제단으로 나가라고 하셨다. 그렇게 해서 나는 공개적으로 신앙 고백을 했다.

## 갈급함은 교제로 이어진다

거하는 기름 부음은 즉시 하나님에 대한 갈급함으로 나타난다.

나는 구원받은 후에 첫째, 열한 살 때 경험한 하나님을 더 알고 싶은 갈급함이 있었다. 둘째, 내가 하나님의 자녀인 것을 깨달았다. 내가 구원받았다고 아무도 말해 주지 않았지만, 나는 그냥 알았다. 성령께서 그 믿음을 내 안에 생생히 주셨다. 셋째, 나의 반응은 "예수님, 사랑해요!"였다. 이 세 가지가 예수님 안에 있는 삶의 징조이고, 그렇게 갈급함, 믿음, 사랑으로 예수님과의 교제가 시작된다.

하나님과 관계가 시작되는 순간, 갈급하여 교제하게 된다. 이것을 놓치지 마라. 갈급함은 교제로 이어진다. 단순하지만 심오하다. 그리스도 예수와 하나 되는 순간, 거하는 기름 부음이 임하고 예수님과의 교제가 시작된다.

그 친밀함이 시작되는 순간, 말씀이 살아나고 불붙는다. 성경이 생생히 살아난다. 결과적으로 하나님 말씀과의 관계가 이루어진다. 주님에 대해 갈급하면 주님의 말씀에 대해서도 갈급해진다. 그러므로 말씀에 대해 갈급하기 전에 먼저 주님에 대한 갈급함이 있어야 한다. 그렇지 않으면 종교적인 사람이 된다. 하나님을 예배하는 것이 아니라 교리를 예배하게 된다. 주님에 대해 갈급한 것이 아니라 지식에 대해 갈급하게 된다.

오늘날 그리스도인 중에는 주님을 모르는 사람들도 있다. 말씀은 알지만, 주님을 모른다. 주님이 뭐라고 말씀하셨는지는 알지만, 그 말씀을 하신 분은 모른다. 지식은 많지만 기름 부음이 없고 삶에 하나님의 임재가 뚜렷하지 않다. 애석하게도 이런 사람들은 주님을 예배하는 것이 아니라 교리를 예배하고 만다. 그래서 율법주의적이 된다.

당신도 그런 사람을 알 것이다. 그런 사람은 성경은 알지만, 성경으로 당신을 공격할 뿐 긍휼이 없다. 주님의 사랑을 베풀 줄 모른다. 성경을 가르치고 설교도 하지만, 주님을 모른다.

예수님이 이 땅에 계실 때 그런 문제를 다루셨다. 바리새인들은 성경을 알았지만, 사랑이나 긍휼은 없었다.

바울 사도는 거듭나기 전에 성경을 너무 잘 알았다. 그래서 신자들을 핍박하면서 성경으로 자기 행위를 옹호했다. 그는 교리 때문에 눈멀어 있었다. 그렇게 된다. 교리는 당신을 눈멀게 한다. 그러나 바울 사도가 주 예수님을 만난 순간 모든 것이 변화되었다. 회심 전의 바울은 말씀은 알지만, 주님은 모르는 전형적인 예였다. 바울은 구약 율법을 이용해 주님과 그 백성을 공격하기까지 했다.

가령 바리새인들이 "예수께 말하되 선생이여 이 여자가 간음하다가 현장에서 잡혔나이다 모세는 율법에 이러한 여자를 돌로 치라 명하였거니와 선생은 어떻게 말하겠나이까"라고 하자 예수님은 뭐라고 하셨나? "너희 중에 죄 없는 자가 먼저 돌로 치라." 그러자 모두 돌아갔다(요 8:3-11 참조).

이 이야기를 보면 왜 말씀과의 관계보다 주님과의 관계를 먼저 이뤄야 하는지 알 수 있다. 그렇게 하지 않으면 불균형이 생기기 때문이다. 하나님과의 교제는 삶과 사역의 기반이다. 그러고 나서 그 위에 말씀과의 관계를 이뤄 나가야 한다. 하나님에 대해 갈급해서 말씀을 알게 되어야지, 그 반대가 되면 안 된다.

하나님을 알 때 하나님의 생각도 알고 싶어진다. 이 순서여야 한다. 하나님을 알면 하나님의 생각이 궁금하다. 이것저것에 대해 하나님이 어떻게 생각하실까? 그런 동기로 성경을 읽으면 단지 법, 규칙, 규정을 읽는 것이 아니라, 주님과의 관계를 일구어 나가게 된다.

당신이 갈급하면 하나님의 임재에 들어가는 길이 열리고 하나님이 당신을 영적 삶으로 이끄신다. 갈급하면 갈급할수록 성령께서 당신에게 더욱더 생명력을 불어넣으신다. 성경은 "너희는 여호와의 선하심을 맛보아 알지어다"(시 34:8)라고 한다. 무슨 의미인가? 당신이 갈급할 때 하나님이 임재를 맛보게 해주시고 당신은 더욱 하나님에 대해 갈급해진다.

갈급함이 교제로 이어지면 새로운 장이 열린다. 하나님을 알고 싶을 뿐 아니라, 하나님이 어떻게 생각하시는지 알고 싶어진다. 하나님이 삶을 어떻게 보시는가? 하나님이 당신을 어떻게 보시는가? 그때 말씀이 필요하다. 먼저 그 사람을 알아야 그 사람의 생각을 알 수 있다. 그 사람을 알면 그 사람의 방식을 알게 된다.

다윗도 주님의 행동 방식을 알기 전에 주님을 먼저 알았다. 사무엘하 6장에서 다윗이 언약궤를 다시 가져오는 중에 웃사가 언약궤를 만지고 죽었다. 그래서 9-10절에서 다윗이 언약궤 가져오기를 두려워했다. '나는 주께서 어떤 식으로 행하시는지 더 잘 알아야 해'라고 깨달은 것이다. 다윗은 말씀을 통해 주님이 행하시는 방식을 알게 되었다. 다윗은 그 후로도 계속해서 주님께서 어떻게 행하시는지 그분의 길을 알아갔다.

그리고 모세는 주님을 알았지만, "내게 당신의 영광을 보이소서"

라고 기도했다. "주님을 알고 싶습니다. 주님의 임재를 알고 싶습니다"라는 기도였다. 모세는 하나님을 더 알기를 갈급하게 원했다. 모세는 하나님이 어떻게 생각하시는지, 하나님의 사람들을 어떻게 보시는지 알고 싶었다. 모세는 무엇을 위해 부르짖었을까? 주님의 영광을 알고 싶었을 것이다.

하나님이 이미 모세를 아셨고, 모세가 하나님을 알았지만, 모세의 요청 때문에 출애굽기 34장에서 모세 앞을 지나가셨다. 모세는 하나님의 얼굴을 보고 싶었지만, 모세에게 계시된 것은 하나님의 속성들, 길, 본질이었다.

> 여호와께서 그의 앞으로 지나시며 선포하시되 여호와라 여호와라 자비롭고 은혜롭고 노하기를 더디하고 인자와 진실이 많은 하나님이라 인자를 천대까지 베풀며 악과 과실과 죄를 용서하리라 그러나 벌을 면제하지는 아니하고 아버지의 악행을 자손 삼사 대까지 보응하리라 (출애굽기 34:6-7)

하나님은 말씀을 통해 자신을 계시하셨다. 시편 103편 7절이 그렇다. "그의 행위를 모세에게, 그의 행사를 이스라엘 자손에게 알리셨도다." 언제 그렇게 하셨는가? 출애굽기 33~34장에서 모세가 부르짖었을 때였다.

하나님의 본질, 속성들을 모세에게 계시하셨고 모세는 그 모든 것을 그의 영의 사람 안에 인식했다. 히브리서 11장에서 모세가 메시아의 고난을 보았고 이집트의 쾌락을 거절했다고 한다. 출애굽기 34

장에서 하나님은 그분의 길들을 모세에게 계시하셨다.

거하는 기름 부음은 주님이 누구인지 우리 삶에 계시한다. 그것을 알아야 한다. 거하는 기름 부음은 우리 마음이 속아 넘어가지 않게 보호한다. 그리고 늘 주님과 교제하게 한다. 이 기름 부음이 우리 안에 거한다. 그리고 갈급함, 믿음, 사랑을 준다.

다음 장에서는 하나님 임재 연습에 대해 알아볼 것이다. 즉 영의 영역에 거해야 하며, 그럴 때 하나님의 약속들이 실현되어 주님과 깊은 친교를 경험하고, 당신의 존재가 하나님의 임재가 되고, 당신의 몸이 하나님의 몸이 되고, 당신의 눈이 하나님의 눈이 되고, 당신의 터치가 하나님의 터치가 되고, 당신의 음성이 하나님의 음성이 되어 하나님께서 살아 계신 것을 세상이 알게 될 것이다.

Chapter 4

# 하나님
# 임재 연습의 비밀

믿는 자로서 내가 가장 원하는 것은 더욱 큰 하나님의 임재다.

나는 하나님의 임재를 더 깊이 경험하는 열쇠를 발견했고 이것을 당신과 나누고 싶다. 그래서 하나님의 임재 안에서 더욱 역동적인 삶을 살기 바란다.

나는 물론 주 예수님 앞에 서는 날 예수님이 나를 바라보시고 미소 지으시며 "잘했다"라고 칭찬해 주시길 바라지만, 이 땅에 사는 동안에도 예수님의 임재를 더 경험하기 원한다. 마음의 절반이나 삼분의 이가 아니라 온 마음으로 주님을 찾으라고 분명히 말씀하셨다.

여호와의 증거들을 지키고 전심으로 여호와를 구하는 자는 복이 있도다 내가 전심으로 주를 찾았사오니 주의 계명에서 떠나지 말게 하소서 (시편 119:2, 10)

하나님을 전심으로 찾으면 하나님의 증거들을 지킬 힘이 생긴다. 시편 119편 2절에서 '증거들'로 번역된 낱말의 히브리어 원어의 의미는 하나님의 교훈들이다. 교훈은 행동이나 생각을 규제하는 원칙이나 규칙이다. 하나님을 전심으로 찾으면 하나님의 계명들로부터 벗어나 방황하지 않을 힘이 생긴다. 전심으로 하나님을 찾는 것은 하나님 임재 연습의 열쇠다.

내가 주의 법도들을 구하였사오니 자유롭게 걸어갈 것이오며 (시편 119:45)

하나님을 전심으로 찾으려면 시간을 들여야 한다. 우리가 하나님과 동행하면서 추구하는 것은 하나님의 뚜렷한 임재다. 주 예수님의 임재가 우리의 속사람을 보호하고 힘을 주고 능력을 주기 때문이다. 그러기 위해서는 하나님과 시간을 보내야 한다. 시간이 우리가 치르는 값이다. 그 어떤 방해 없이 하나님께 집중하는 시간을 드리기로 우리 마음을 정하지 않으면, 하나님의 임재가 뚜렷해지지 않을 것이다.

하나님의 생생한 임재 안에 사는 문을 여는 또 다른 열쇠는 하나님께 초점 맞추는 것이다. 우리는 하나님과 친교하면서 사람과 친교하는 두 가지를 동시에 할 수 없다. 절대로 안 된다. 이는 아무리 강조해도 지나치지 않다. 하나님과의 소통이라는 물을 오염시키면, 하나님의 임재라는 순수한 물을 기대할 수 없다. 하나님이 허락하지 않으실 것이다. 하나님은 당신이 전심으로 집중하기를 바라신다. 만일 당신이 뭔가에 한눈팔면, 하나님은 물러서시거나 완전히 떠나실 것이고 다시 하나님의 신뢰를 받기가 매우 어려울 것이다.

하나님이 내 시간을 원하실 때 하나님께 시간을 드려야 한다. 예를 들어 당신이 하나님의 임재 안에 있는데 전화가 와서 하나님의 임재를 떠나 전화를 받는다고 하자, 그러면 주님이 임재를 나타내지 않을 것이다. 하나님과 의사소통의 흐름이 끊어질 것이다. 당신이 행동이나 말을 마칠 때까지 하나님이 임재를 나타내지 않으실 것이다. 그래서 전화받기 전의 상태로 돌아가려고 다시 애써야 할 것이다. 사람과 소통하려고 하나님과 소통을 끊어서는 안 된다.

우리 하나님은 질투하는 하나님이시다. 하나님은 당신이 하나님을 위해 따로 떼어둔 모든 시간을 원하신다. 당신이 주님께 "이것은 주님의 시간입니다"라고 말씀드리면, 주님은 그 시간 전부를 원하신다. 1분 1초까지 다 하나님의 것이다. 누가 문을 두드린다고 해서 나가면 주님이 임재를 나타내지 않으실 것이다. 우리가 섬기는 하나님은 질투하시는 분이다. 전심으로 주님을 찾지 못하게 초점을 흐리고 산만하게 하는 것이 있다면, 그것이 무엇이든 멈춰야 한다.

> 너희가 온 마음으로 나를 구하면 나를 찾을 것이요 나를 만나리라 (예레미야 29:13)

하나님 임재 연습의 중요한 또 다른 열쇠는 매일 하나님과 시간을 보내는 것이다. 하나님과 매일 교제하는 시간을 정해서 방해받지 않는 것이 매우 중요하다. 역대상 16장 10-11절이다. "그의 성호를 자랑하라 여호와를 구하는 자마다 마음이 즐거울지로다 여호와와 그의 능력을 구할지어다 항상 그의 얼굴을 찾을지어다." 여기서 '항상'으로 번역된 히브리어 원어는 '매일'로 번역될 수 있다.

나는 매일 주님과 최소 한 시간은 함께 보내기를 추천한다. (전임 사역자라면 더 많은 시간을 보내야 한다.) 매일 최소 한 시간을 주님과 함께하면 관계가 정립된다. 배우자나 친구 등 관계를 정립하려는 사람과 시간을 보내는 것과 같다. 함께 시간을 보냈기 때문에 그들을 점점 더 알아가게 된다. 만일 당신이 사랑하는 사람과 시간을 보내려고 하는데 누가 방해하면 짜증 날 것이다. 원하는 만큼 깊은 관계를 형성하기 어렵기 때문이다. 주님과의 시간이 나눠질 때도 마찬가지다.

매일 그렇게 쌓아가는 것이 얼마나 중요한지 모른다. 하루를 놓치면 퇴보한다. 단순히 주님과의 시간을 놓치기 전의 나로 돌아가는 것이 아니다. 주님과 시간을 많이 보낼수록 더 빨리 주님의 임재 속으로 들어가게 된다. 주님과 시간을 많이 가질수록 주님의 임재 속으로 들어가기가 더 빨라진다.

어떤 일이 일어나거나 계획이 바뀌어서 하나님과의 시간을 놓치기도 한다. 여행 중이거나 어떤 일에 한눈을 팔 수도 있다. 그러나 그 무엇도 그 누구도 주님과의 시간을 방해하지 못하게 해야 한다. 나는 주로 오후 1시에 주님과의 시간을 갖지만, 만일 그 시간을 놓치면 밤에 갖는다. 하나님이 염려하시는 것은 당신이 특정한 시간을 놓치는 것이 아니라, 하루를 다 놓치는 것이다. 주님께 속한 시간을 드리지 않고 잠드는 일이 없어야 한다.

## 하나님과의 시간을 어떻게 보낼까

주님의 임재 안에서 매일 시간을 보내겠다고 결정한 후에 그 시간에 뭘 해야 할지 모를 수 있다. 많은 사람이 내가 그 시간에 주로 기도할 것으로 생각하지만, 사실 나는 주님을 기다리고 예배하며 보낸다. 주님께서 나를 소생시키시기를 기다린다(시 80:18). 이 말을 듣고 놀랄지 모르지만, 나는 기도가 반드시 강력한 건 아니라고 생각한다. 사실 종교적인 사람들이 기도한다. 선의의 그리스도인들조차 기도, 금식, 찬양 등 영적인 것을 할 때 사실은 육신적으로 하면서 영적인 척할 수 있다.

문제는 그렇게 육신적으로 하면 능력이 없다는 것이다. 오직 예수님의 임재에 능력이 있다. 우리가 주님과 교제할 때 능력이 있다. 예수님과 시간을 보낼 때 예수님이 우리에게 생생한 현실이 되고, 여기에 진짜 능력이 있다.

우리는 사실 두 영역 속에서 활동한다. 육신의 영역과 영의 영역이다. 영의 영역에서 활동해야만 영원한 결과가 생긴다. 육신의 영역에서 활동하면 영원한 결과는 없다. 결과처럼 보여도 일시적일 뿐이고 곧 사라진다. 영의 영역에서 일어나는 일이야말로 영원하다. 고린도후서 4장 18절이다. "우리가 주목하는 것은 보이는 것이 아니요 보이지 않는 것이니 보이는 것은 잠깐이요 보이지 않는 것은 영원함이라."

우리는 성령 안에서 행해야 한다. 갈라디아서 5장 25절에서 분명히 그렇게 표현한다. "만일 우리가 성령으로 살면 또한 성령으로 행할지니." 다시 말해 우리는 성령 안으로 들어가서 살아야 한다.

성령 안에서 사는 법을 저절로 알게 되지는 않는다. 그 은밀한 곳에 가는 길을 어떻게 찾아야 하는지 모른다. 그런데 하나님은 우리가 바로 그 은밀한 곳에 살기를 바라신다. 시편 91편 1절이다. "지존자의 은밀한 곳에 거주하며 전능자의 그늘 아래에 사는 자여." '은밀한 곳에 방문하며'라고 하지 않는다. 바로 거기에 문제가 있다. 많은 사람이 은밀한 곳에 방문했다가 떠난다. 성경의 이 약속을 다시 한 번 살펴보자. '지존자의 은밀한 곳에 거주하며… 사는 자여.' 즉 그 은밀한 곳이 당신의 주소가 되어야 하고 거주지가 되어야 한다. 당신은 거기 살아야 한다.

어떻게 거기에 이를 수 있을까? 나는 이 방법을 시행착오를 통해 어렵게 배웠다. 어쩌면 당신도 이미 알고 있지만, 단지 실행하지 않을 뿐일 수 있다. 어쩌면 실행하고 싶지만 어떻게 실행하는지 모를 수도 있다. 열쇠는 이것이다. "오직 여호와를 앙망하는 자는 새 힘을 얻으리니"(사 40:31). 주를 기다리는 것이 비결이다. 주를 기다리는 것은 육과 영 사이의 다리다.

우리는 어떻게 기다려야 하는가? 성경은 가만히 있으라고 분명히 말한다. 하나님은 결코 '조용하라'고 하지 않으셨다. 조용한 것만으로는 충분하지 않기 때문이다. 하나님은 "가만히 있으라"고 하셨다. 여기에 큰 차이가 있다. 조용한 것은 혼적이고 가만히 있는 것은 영적이다. 당신은 조용함이 가만히 있음으로 이어지게 할 수도 있다. 즉 당신이 충분히 오래 조용하면, 하나님께서 당신의 영의 사람을 가만히 있게 하실 것이다. 하나님이 당신을 가만히 있게 만드시도록 허락하라. 우리가 가만히 있을 때 성령이 나타나신다. 가만히 있으면 성령의 능력이 역사한다. 가만히 있으면 우리 안에 성령의 능력이 풀어진다. 가만히 있으면 우리 안에 하나님의 임재가 나타난다. 가만히 있으면 살아 계신 하나님의 임재 안에 있는 것의 의미가 무엇인지 더 깊이 이해하게 된다.

시편 46편 10절에서 하나님께서 말씀하신다. "너희는 가만히 있어 내가 하나님 됨을 알지어다." '가만히 있으라. 그러면 너희는 내가 누구인지 알게 될 것이다. 가만히 있으라. 그러면 너희는 내 임재를 알게 될 것이다'라는 말씀이다. 우리가 주님의 임재를 모르는 것은 가만히 있고 싶어하지 않기 때문이다. 우리는 가만히 있으려면 앉아서 아무것도 하지 말아야 하므로 힘들다고 생각한다. 그러나 우리의 생각을 바꿔야 한다. 우리는 아무것도 안하는 것이 아니다. 우리는 아무것도 안 기다리는 것이 아니기 때문이다. 우리는 주님을 기다리고 있다. 이는 아무것도 아닌 게 아니라 매우 중요한 것이다. 이는 행동이고 믿음의 행동이다. 당신이 주님을 기다릴 때 빈둥거리는 것 같아도 사실은 시간 낭비가 아님을 믿어야 한다. 당신은 주님과 활발히 소통하고 있는 것이다.

기도하지 말아야 한다는 말이 아니다. 성경에 따르면 기도 제목을 말할 수 있다. 그러나 우리의 기도 제목을 멈춰야 할 때가 있다. 대부분 사람은 하나님께 뭘 구할 때 어떻게 하는가? 아멘이라고 하고 일어나 가버린다. 이것을 상상해 보라. 우주의 창조자와 적극적으로 소통하지만, 자기 말만 하고 듣지 않는다. 그래서 실패하는 것이다. 이것이야말로 거주하지 않고 방문하는 것이다. 그러므로 기도 제목을 말한 후에 충분히 오래 조용히 있으면서 하나님께 당신을 소생시키시고 당신에게 불을 붙여 주시게 하라.

> 그리하시면 우리가 주에게서 물러가지 아니하오리니 우리를 소생하게 하소서 우리가 주의 이름을 부르리이다 (시편 80:18)

> 왕이 나를 그의 방으로 이끌어 들이시니 너는 나를 인도하라 우리가 너를 따라 달려가리라 우리가 너로 말미암아 기뻐하며 즐거워하니 네 사랑이 포도주보다 더 진함이라 처녀들이 너를 사랑함이 마땅하니라 (아가서 1:4)

성령께서 당신을 소생시키시면 영의 영역으로 데리고 들어가신다. 당신이 원한다고 해서 혼자 들어갈 수 없다. 성령이 이끌어 주셔야 한다. 어떻게 이뤄지는가? "오직 여호와를 앙망하는 자는 새 [영적] 힘을 얻으리니 독수리가 날개 치며 올라감 같을 것이요." 당신의 영이 힘을 얻는 순간, 성령이 당신을 소생시켜서 '독수리가 날개 치듯이' 데리고 들어가신다.

> 오직 여호와를 앙망하는 자는 새 힘을 얻으리니 독수리가 날개 치며 올라감 같을 것이요 달음박질하여도 곤비하지 아니하겠고 걸어가도 피곤하지 아니하리로다 (이사야 40:31)

이 진리가 얼마나 큰 능력이 있는지 설명하겠다. 독수리가 날개 치며 올라감 같다는 의미가 무엇일까? 이는 성령의 바람과 기류를 안다는 것이다. 독수리는 날지 않고 솟구쳐 올라간다. 바람에 몸을 맡기는 것이다. 강풍이 오기를 기다렸다가 몸을 맡긴다. 주님을 기다리면 주님께 순복하게 된다. 다음 구절을 눈여겨보자. '달음박질하여도 run(달려도) 곤비하지 아니하겠고 걸어가도 피곤하지 아니하리로다.' 성령 안에서는 걷기 전에 먼저 달린다. 즉 달려서 하나님을 따라잡은 후에 하나님과 동행한다.

주님을 기다리면 육체가 힘을 잃는다. 자신을 잊고 예수님을 보는 시간을 갖게 된다. 죄가 힘을 잃는다. 속사람에 성령의 힘이 임해 육신이 움켜쥔 손아귀를 놓기 시작한다. 이것이 바울이 말한 "내가 내 몸을 쳐 복종하게 함"(고전 9:27)의 의미다.

당신이 영의 영역에 들어가는 순간 역사가 일어난다. 시편 40편 3절이다. "새 노래 곧 우리 하나님께 올릴 찬송을 내 입에 두셨으니." 영의 영역은 멜로디로 시작한다. 성령 안에서 노래하기 시작한다. 성령 안으로 들어가기 위해 꼭 음악이 있어야 하는 건 아니지만 도움이 된다. 찬양을 틀어서 분위기를 바꾸고 초점을 맞추어 다른 것에 산만해지지 않게 하는 것도 좋은 방법이다.

나는 주님을 기다릴 때 찬양 트는 걸 좋아한다. 그러나 하나님과 더 자주 연결될수록 음악이 덜 필요해진다. 음악이 방해가 될 때도 있다. 일단 그 흐름에 들어가면 이 땅의 것은 아무것도 필요하지 않기 때문이다. 찬양이 필요한 이유는 감정을 진정시키고, 우리 문제를 잊고, 다른 데 한눈팔지 않고 주 예수님과 연합하기 위해서다. 그러나 성령께서 당신에게 역사하기 시작하시면 그것으로 다 된다. 그때 주 예수님이 생생한 현실이 된다. 하나님 임재 연습은 예수님이 우리 문제, 가정, 심지어 삶보다 더 생생해질 때 시작된다. 그때 예수님이 전부가 된다.

Chapter 5

# 말씀과 예배가 불붙는 비밀

　하나님의 임재를 연습하면 하나님과 더 친밀해진다. 하나님과 함께 시간을 보내면 영혼의 엔진에 연료가 공급되어 하나님을 더 알고(갈급함), 하나님과 동행하고(믿음), 하나님을 예배하게(사랑) 된다.

　하나님과 동행하도록 갈급함, 믿음, 사랑을 주신다. 우리가 드릴 가장 소중한 것은 시간이다. 하나님께 시간을 드릴 때 놀라운 일이 일어난다. 하나님과 함께 시간을 보낼 때 주님의 임재가 나타나며 하나님의 말씀이 당신의 영혼을 사로잡는다.

　주님께 당신의 시간을 드리면 성령께서 말씀으로 당신을 사로잡는다. 말씀을 읽을 때 말씀이 튀어나오듯이 당신의 마음을 사로잡고 놀랍게 빨려 들어간다. 갈급함과 믿음이 폭발해 새로운 수준으로 올라가고 새로운 수준의 영적 성장이 일어난다. 당신이 시간을 드리기 때문에 성령이 말씀을 사용하셔서 당신을 가까이 이끄신다. 그렇게 되면 영혼의 엔진에 시동이 걸리는 것과 같다. 몰랐던 세계로 들어가게 된다. 마음을 열고 성경을 펴면 하나님 말씀의 놀라운 새 우주가 열린다.

이제 당신은 하나님 말씀의 더 깊은 수준으로 들어가고 하나님의 말씀이 당신에게 침투한다. 말씀이 당신의 생각을 정결하게 하고 당신의 마음을 순결하게 한다.

> 그리스도께서 교회를 사랑하시고 그 교회를 위하여 자신을 주심 같이 하라 이는 곧 물로 씻어 말씀으로 깨끗하게 하사 거룩하게 하시고 (에베소서 5:25-26)

말씀이 당신의 생각을 지배하게 되고, 기록된 귀한 성경 말씀대로 당신 안의 모든 것이 당신의 삶에 대한 하나님의 목적 및 계획과 정렬된다. 당신이 하나님과 그 말씀에 깊이 이끌려 들어갈 때 당신에게 영적 역사가 일어난다.

갈급함, 믿음, 사랑이 삶에 나타나면 당신 안의 말씀을 전례 없이 깊은 수준으로 작동시킨다. 이것이 바울이 "우리 가운데서 역사하시는 능력"(엡 3:20)이라고 말한 의미다. 그리고 말씀은 친교와 교제에 불을 붙인다. 친교는 예배에 불을 붙인다. 그리스도인의 삶에 불붙는 세 가지는 말씀, 친교, 예배다. 일단 이 세 가지가 작동하기 시작하면, 서로가 서로에 불을 붙여서 더욱 강화된다. 그러면 당신의 영 안에 연쇄 반응이 일어나서 주님의 임재 안에 머무는 한 다시 불붙이고 또 불붙인다.

그렇게 기름 부음이 불붙게 되면 내면의 영이 풍성해져서 만져질 것만 같다. 당신도 모르는 사이에 이 첫 단계를 경험했을 수 있다. 여기서 조금 더 깊이 들어가면 강력한 불붙음으로 갑자기 성경의 더 깊은 차원들에 들어가게 된다.

성경에 여러 차원이 있음을 발견한 것은 사역을 시작하고 5년 후였다. 첫 번째 차원은 역사적 차원이다. 두 번째 차원은 이스라엘과 교회에 대한 하나님의 계획이다. 세 번째 차원은 구약에서 예수님을 발견하는 것이다. 그러면 엔진이 전부 점화되어 작동한다.

아담과 하와, 아브라함, 이삭, 야곱, 노아의 방주, 요셉과 형제들, 모세 이야기를 얼마나 많이 읽었는가? 그 사람들과 사건들이 우리 생각 속에 단지 정보로만 저장될 수 있다. 그런데 성경 속에서 예수님을 발견할 때 놀라운 일이 일어난다. 능력에 불이 붙는다. 성경을 역사적 수준에서만 해석할 때는 불이 붙지 않는다. 성경 속에서 이스라엘과 교회에 대한 하나님의 계획을 발견할 때는 불이 붙지 않는다. 그러나 성령께서 보여 주셔서 깊이 들어가 성경에 계시된 예수님을 발견할 때 불붙는다.

성경은 단순히 역사나 시나 예언이 아니다. 성경에서 계시하는 한 사람은 하나님의 아들 예수님이시다. 성경의 페이지 속에서 예수님을 볼 때 우리는 하나님의 형상으로 변화된다.

나는 이 사실을 발견하기까지 무려 5년이나 걸렸다. 어느 날 갑자기 깨달았다. 하나님이 아담을 잠재우신 것은 사실 아담과 상관이 없고, 예수님이 십자가에서 죽으실 것을 계시하신 것이었다. 왜 하나님이 아담을 잠재우셨는가? 아담의 아내를 만들기 위해서였다. 왜 예수님이 십자가에서 죽으셨는가? 신부인 교회를 만들기 위해서였다. 하나님이 아담의 옆구리에서 하와가 나오게 하신 것은 예수님의 옆구리가 찢겨 신부인 교회가 생길 것을 계시한 것이다.

이어서 나는 요셉은 단지 요셉 이야기에 그치지 않음을 깨달았다. 요셉은 아버지에게 사랑받았다. 예수님이 그랬다. 형들이 요셉을 미워했다. 예수님이 그랬다. 요셉은 구덩이에 갇혔다. 이는 예수님의 죽음이다. 요셉이 감옥에 갇혔다. 이는 예수님이 지하 세계에 가셨던 것을 나타낸다. 요셉이 감옥에서 나왔다. 이는 예수님의 부활이다. 요셉이 바로의 우편에 앉았다. 이는 예수님의 승천이다. 요셉이 이방인 아내를 얻었다. 이는 예수님의 신부인 교회다. 그래서 내게 요셉은 더는 요셉이 아니다. 요셉의 이야기는 온통 예수님의 이야기다.

이스라엘의 절기들도 주 예수님의 삶과 사역을 계시한다.

1. 유월절—예수님의 십자가 죽음
2. 무교절—예수님이 우리 죄를 지심
3. 초실절—예수님의 부활
4. 칠칠절(오순절)—성령 강림
5. 나팔절—교회의 휴거

6. 속죄일—이스라엘의 구원

7. 장막절—그리스도 예수의 천년왕국 통치

이 모든 것이 예수님에 대한 것이다.

이렇게 성경에 깊이 들어가기 바란다. 그러면 큰 능력이 불붙고 하나님의 축복과 은총 안에 살게 된다. 당신의 소명이 이뤄지는 것을 경험하게 된다. 그리고 주님이 자신을 나타내 주신다. 성장이 이뤄지고 생각이 새로워진다.

> 너희는 이 세대를 본받지 말고 오직 마음을 새롭게 함으로 변화를 받아 하나님의 선하시고 기뻐하시고 온전하신 뜻이 무엇인지 분별하도록 하라
> (로마서 12:2)

말씀에 더 깊이 들어갈 때 놀라운 일들이 일어난다. 첫째, 조용함이 당신 안에 스며든다. 이는 엄숙하고 성스러운 경험이다. 거하는 기름 부음은 영혼을 가만히 있게 한다. 반면에 능력 기름 부음은 영혼을 흔든다. 둘째, 말씀 안에 더 깊이 들어가면 주님과의 친교가 깊어진다. 셋째, 전에 몰랐던 수준의 예배가 폭발한다. 깊은 친교는 역동적이고 폭발적인 예배에 불붙인다.

예배가 폭발하면 하나님의 임재가 우리에게 나타나 보여진다. 하나님의 두나미스 능력이 우리 안에 역사하기 시작하고, 바울이 에베소서 3장 20절에서 말한 대로 "우리가 구하거나 생각하는 모든 것에

더 넘치도록 능히" 우리에게 이뤄진다. 그렇게 뚜렷한 주님의 임재가 당신을 주님의 형상으로 변화시키기 시작한다.

당신이 그 임재를 연습할 때 다음의 세 가지가 일어난다.

1. 하나님을 향한 갈급함, 믿음, 사랑이 커진다.
2. 당신 안에 능력이 폭발해서 당신을 말씀의 깊은 곳으로 데려가며 주님께서 당신에게 자신을 계시하신다.
3. 성령 안에서 역동적 예배가 불붙어 주님이 당신의 삶을 변화시키신다.
   이제 영광에서 더 큰 영광으로 변화된다. 당신의 형상에서 주님의 형상으로 변화되기 시작하여 그 영광스러운 날에 주님의 얼굴을 볼 때 완결될 것이다.

하나님과 깊은 교제를 일구어 가는 것이 우리의 책무이지만, 너무 기본이라서 많은 그리스도인이 소홀히 하는 것 같다. 이 책에서 아무것도 못 배우더라도 이것만은 꼭 배우기 바란다. 하나님과 보내는 시간을 소홀히 하면 안 된다. 하나님과 시간을 보낼 때 그분과 깊이 교제할 수 있다. 이는 필수적이고 강력한 기반을 세워준다. 하나님이 당신을 사역에 사용하실 때 그 튼튼한 교제의 기반이 당신의 닻이 될 것이다. 당신은 반석이신 그리스도 예수 위에 세워졌다. 당신은 푹푹 꺼지는 모래 위에 세워지지 않았다. 매일의 깊은 교제 시간이 당신을 주님과 그분의 말씀 위에 세운다.

그러면 마침내 주님께서 당신이 사역하도록 능력 기름 부음을 주실 것이다. 사역은 지금까지 말한 것의 결과다. 주님께 시간을 드렸고 말씀의 계시와 뜨거운 예배를 통해 성장했기 때문에 하나님의 임재가 삶에 뚜렷하게 나타난다. 그럴 때 하나님이 "나는 너를 신뢰할 수 있어"라고 하시며 사도행전 1장 8절의 능력 기름 부음을 주신다. 그리고 성령의 은사들이 나타난다.

이것이 성경에서 말하는 두나미스 능력의 의미다. 그 능력은 스스로 불붙는다. 다이너마이트는 헬라어 단어 두나미스에서 나왔다. 당신 안에 있는 이 성령 두나미스의 목적은 하나님의 능력으로 다른 사람들에게 사역하는 것이다. 누가복음 8장에서 혈루병에 걸린 여인이 예수님의 옷 가를 만졌을 때, 예수님이 "누가 나를 만졌느냐?"라고 말씀하셨다. 덕, 힘, 능력이 예수님에게서 흘러나간 것이다. 여기에 사용된 낱말이 헬라어 두나미스에서 나왔다. 그 능력이 임해서 여인은 온전해졌다.

예배가 뜨거우면 말씀에 불을 붙인다. 말씀은 다시 계시와 예배에 불을 붙이고 연쇄작용이 계속된다. 그래서 하나님이 당신의 형상을 하나님의 형상으로 재창조하는 완전한 변화가 일어나는 것이다.

Chapter 6

# 완전히 변화되는 비밀

완전히 변화되는 데까지 도달한 사람은 매우 드물다. 아마도 값을 치르려 하는 사람이 많지 않기 때문일 것이다. 그러나 주님이 나를 본향에 데려가시기 전에 그렇게 되고 싶다.

나이지리아 출신의 한 젊은 목사가 나에게 중요한 질문을 했다. "하나님과 하나 되는 것이 가능합니까? 하나님과 하나 된 사람들을 본 적이 있습니까?" 나는 물론 가능하다고 말했다. 주님께서 요한복음 17장에서 이렇게 기도하셨기 때문이다.

내가 비옵는 것은 이 사람들만 위함이 아니요 또 그들의 말로 말미암아 나를 믿는 사람들도 위함이니 아버지여, 아버지께서 내 안에, 내가 아버지

안에 있는 것 같이 그들도 다 하나가 되어 우리 안에 있게 하사 세상으로 아버지께서 나를 보내신 것을 믿게 하옵소서 (요한복음 17:20-21)

나는 하나님과 하나 된 세 사람을 안다. 바실레아 슐링크, 코리 텐 붐, 캐더린 쿨만이다. 이들을 하나씩 살펴보겠다.

### 바실레아 슐링크 Basilea Schlink

바실레아 슐링크는 1904년에 독일에서 태어났다. 대학교 때는 죄의식이 믿음에 미치는 영향에 대해 논문을 쓰기도 했다. 그녀는 학생 기독교 운동의 지도자였고 유대인을 보호했다는 이유로 제2차 세계대전 중에 나치의 감시를 받았다. 전쟁이 끝나고 슐링크는 모국이 저지른 잔악상을 회개하는 것이 중요하다고 깨달았다. 그래서 결혼하지 않고 평생 독신으로 그리스도께 헌신하겠다고 결심했다. 그녀는 1947년에 복음주의 마리아 자매회를 공동 설립하여 2001년 소천할 때까지 섬기면서 믿음을 나누었고 열 권의 책을 저술했다.

데이비드 윌커슨David Wilkerson이 바실레아 슐링크를 만나러 갔을 때, 처음에는 방에 들어가지도 못했다고 한다. 바실레아 슐링크에게 가까이 다가갔을 때 그는 울었다. 나는 그녀의 가르침을 들었지만, 만난 적은 없다. 그러나 그녀가 살아 있을 때 그녀가 설립한 독일 다름슈타트의 가나안이라는 곳에 간 적이 있다. 그곳에 주님의 임재가 너무 강력해서 나는 울었다. 예배당에 들어갔을 때 나오고 싶지 않았다. 마치 천국에 있는 것 같았다. 하나님의 임재가 너무 영광스럽고 생생해서 마치 천국에서 주님과 영광 중에 걷고 있는 것 같았다. 이는 바실레아 슐링크가 완전히 변화되어 행했기 때문이었다. 그녀는 주님을 알았고 주님과 하나였다.

### 코리 텐 붐 Corrie ten Boom

코리 텐 붐은 1892년에 네덜란드에서 태어났다. 아버지의 가업을 물려받아 시계를 만드는 일을 하였고, 네덜란드 개혁 교회 소속이었으며 동네 사람들을 섬기면서 청소년 클럽을 만들었다. 제2차 세계 대전 때 독일이 네덜란드를 침공한 후에, 청소년 클럽은 금지되었고 유대인은 박해받았다. 코리 텐 붐 가족은 유대인 난민들을 받아들여 숨겨주었다. 그러다 그녀와 가족이 체포되어 독일 포로수용소에 수감되었다. 전쟁이 끝날 때까지 살아남지 못한 가족도 있었지만, 그녀는 살아남았고 가족의 이야기를 담은 《주는 나의 피난처》를 썼다. 그 외에도 여러 권의 책을 저술했으며 전 세계에 다니며 예수 그리스도를 통한 희망, 사랑, 용서의 메시지를 1983년에 소천할 때까지 전했다.

나는 코리 텐 붐을 만나 그녀의 집 뜰에서 함께 춤도 췄다. 그때 나는 열아홉 살이었고 그녀의 조카가 내 친구였다. 우리는 룸메이트였다. 하나님께서 그런 사람들을 알도록 내게 은혜를 베풀어 주셨다. 코리 텐 붐이 설교할 때면 얼굴에 광채가 났고, 그녀가 단상 위를 걸을 때 예수님이 그 방에 들어오시는 것을 보았는데 참으로 황홀했다. 바실레아 슐링크처럼 코리 텐 붐도 주님과 하나 된 사람이었다.

## 캐더린 쿨만 Cathryn Kuhlman

캐더린 쿨만은 1907년에 태어났다. 열네 살에 설교하기 시작했고, 언니, 형부와 순회 사역을 했다. 1940년대에 치유 집회를 시작해서 1970년대까지 계속했고, 매주 텔레비전 프로그램 〈나는 기적을 믿어요 I Believe in Miracles〉를 통해 사역의 지평을 넓혔으며, 여러 권의 책을 저술했다. 약 2백만 명이 그녀의 사역을 통해 치유되었다고 보고되었다. 40대 후반에 심장 문제가 있다는 진단을 받았지만, 굴하지 않고 사역했고, 흉부 통증이 심해도 현장 사역과 텔레비전 사역을 계속하다가 1976년 심장 수술 중에 사망했다. 그때 의사들과 간호사들이 숨이 끊어진 그녀의 몸 위에 밝은 광채가 머물다 떠난 것을 보았다는 기록이 있다.

캐더린 쿨만은 총체적으로 변화되고 주님과 하나 된 것을 몸소 보여 주었다. 그녀가 피츠버그 제일장로교회에서 집회할 때 그녀의 얼굴이 빛나는 것을 나는 자주 보았다. 주님의 임재가 그녀 안에 뚜렷이 나타나서 그 영광스러움을 말로 다 표현하기 어려울 정도였다. 그런 총체적 변화 때문에 그녀의 일상생활 속에서 예수님은 생생한 현실이 되었다. 캐더린 쿨만이 단상 위에서 걸을 때 그리스도의 실재가 건물 전체에 임했다. 그리스도 예수의 임재가 그곳 전체에 스며들고 모든 사람을 덮었다.

그녀의 대형 집회에서도 똑같은 일이 일어났다. 그녀에게 주님이 생생히 나타나실 때 청중도 완전히 달라졌다. 예수님이 생생히 나타나실 때 그곳 전체가 살아났다. 그녀의 삶 속에 실재하시는 예수님이 갑자기 온 청중에게도 실재하셨다. 청중 가운데 아직 예수님을 모르는 사람들이 많았는데도 그랬다. 집회 중에 그녀의 생활인 예수님의 실재에 사람들도 이끌려 들어갔다. 그럴 때 사람들은 갈급해져서 '저도 이렇게 예수님을 알고 싶어요'라고 고백하였고, 나도 마찬가지였다.

만일 그녀의 삶 속에 예수님의 실재가 없었다면 집회가 어떻게 되었을지 생각해 보라. 오락, 표적, 놀라운 일들, 좋은 설교는 되었겠지만, 사람들이 변화되지 않았을 것이다. 주 예수님의 실재가 우리를 변화시킨다. 캐더린 쿨만의 삶 속에 있는 실재와 그녀 위에 있는 능력이 결합되어 그녀가 단상 위를 걸을 때 그녀 '위에' 있는 능력이 그녀 '안에' 있는 실재를 전파했다.

내가 사역할 때도 사람들이 그런 경험을 하기를 늘 기도한다. 주 예수님이 거기 계시지 않는다면, 사람들이 "우리는 베니 목사님을 사랑해. 그는 좋은 사람이야. 성경을 잘 가르쳐"라고 말해도 소용없다. 나중에 사람들이 "거기서 뭔가 배우긴 했지만, 나는 변화되지 않았어"라고 말한다면 무슨 소용인가? 그러나 청중 가운데 주 예수님이 계시면 완전히 달라진다. 내가 설교하는 것 자체는 대수롭지 않다. 나는 그저 그것을 통해 내 사역에 예수님을 모시기 원한다. 그때 사람들의 삶이 변화되기 때문이다.

나는 이 책을 통해 당신의 삶과 사역의 기반을 세워주려고 한다. 그래서 당신이 총체적으로 변화되어 당신 '위의' 능력으로 말미암아 당신 '안의' 임재가 다른 사람들에게로 퍼져 나가게 하려고 한다. 하나님의 능력이 당신 위에 임하면, 당신 안에 있는 것이 주변 모든 사람에게 파급될 것이다. 사람들은 그것을 감지하고 느끼고 그것의 일부가 될 것이다.

Chapter 7

# 하나님의 임재에 들어가는 로드맵

하나님은 모세에게 임재에 들어가는 로드맵을 주셨다. 이는 단지 유대 종교 관습의 역사적 기록 이상이며, 성경의 지침과 형식을 따르면 여호와 하나님의 임재에 들어가게 된다. 구약의 성막에 하나님의 임재를 연습하는 일곱 가지 방법이 나타난다. 하나님이 출애굽기 25~31장에서 모세에게 성막 건축 계획을 주시면서 문, 제단, 물두멍, 등대, 진설병 상, 향단, 언약궤를 어디 둘지 말씀하셨다. 이는 하나님의 임재 연습을 일곱 가지로 보여 주는 것이다.

예수님의 임재에 들어가는 연습을 하며 예수님과 교제하기 시작하면, 문으로 들어간 것이다. 영의 세계에 들어간 것이다. 예수님의 임재를 밖에서 경험하기는 불가능하기 때문이다. 그럴 때 예수님이 실재가 되신다. 예수님이 실재가 되실 때 믿음이 생긴다. 믿음을 구할 필요 없이 오직 예수님만 구하면 예수님이 믿음을 주실 것이다.

사람들이 예수님을 찾지 않고 믿음을 찾느라 엇나간다. 성경을 고백하고 치유받았다고 주장해도 소용없을 때가 있다. 먼저 주님을 기다리지 않았기 때문이다. 성령이 움직이시기를 기다리지 않은 것이다. 창세기 1장을 보면, 먼저 성령이 움직이시고 그다음에 하나님이 말씀하셨다. 하나님은 항상 성령의 바람 속에서 말씀하신다. 성령이 움직이시는 것을 따라 말씀하신다. 먼저 영의 영역에 들어가서 하나님이 말씀하시기를 기다리지 않으면, 영적으로 보이는 어떤 것을 해도 사실은 육신으로 한 것이라서 영원한 결과가 없다.

영의 영역에 들어가는 유일한 길은 주님을 기다리는 것이다. 30분이 걸릴 수도 있고, 한 시간이 걸릴 수도 있고, 더 걸릴 수도 있지만, 그 시간은 낭비가 아니다. 기다릴 때 우리는 소생되고 예수님이 실재가 되신다. 그러면 노래가 생긴다. 노래가 생기면 무슨 일이 일어난다. 제사의 제단 앞에 서면 예수님의 피가 우리가 현실 속에서 당하는 속박보다 더 실재가 된다. 그때 주님의 임재에 들어가면 우리 마음이 활짝 열린다. "하나님께서 구하시는 제사는 상한 심령이라 하나님이여 상하고 통회하는 마음을 주께서 멸시하지 아니하시리이다"(시 51:17). 그럴 때 우리의 자아가 깨지고 회개하고 정결해지고 용서받는다. "이전 것은 지나갔으니"(고후 5:17) 죄의 기억마저 우리 영혼에서 사라진다.

많은 사람이 놓치는 사실이 있다. 많은 사람이 죄를 자백한다고 하면서도 육신적으로 죄를 자백한다. 그렇기 때문에 다시 죄짓는다. 그러나 성령 안에서 회개하면 같은 죄를 다시 짓는 것이 불가능하다. 성령이 그 죄를 지우시기 때문이다.

하나님의 임재를 연습하기 위해 세 번째로 가야 하는 곳은 말씀이다. 성막의 물두멍이 그것이며, 그곳에서 주님을 섬기는 자들이 자기 몸을 씻었고, 우리도 그곳에서 말씀으로 씻는다. 그리고 하나님의 말씀이 갑자기 능력으로 역사한다. 이제 당신은 말씀을 찾아보고 "아버지, 당신의 말씀에서 이르기를…"이라고 말하며 약속을 붙잡을 수 있다. 요한은 성령 안에 있으면 확신이 있다고 말했다. "그를 향하여 우리가 가진 바 담대함이 이것이니 그의 뜻대로 무엇을 구하면 들으심이라"(요일 5:14). 하나님이 당신의 말을 들으신 줄 어떻게 아는가? 당신이 성령 안에 있기 때문에 안다. 당신이 육신적 상태라면 하나님이 당신의 말을 들으시는지 의문을 가질 것이다. 그러나 당신이 성령 안에 있으면, 하나님이 당신의 말을 들으셨다는 것을 안다. 그래서 당신이 주님께 구한 것을 이미 받은 줄 안다.

그다음에 성소에 들어가면 하나님의 임재를 또 다른 차원으로 연습한다. 등잔대는 하나님이 빛을 비춰주셔서 생각이 새로워지는 것이다. 여기서 당신은 주님의 뜻을 안다. 빛은 전에 분별하지 못했던 것을 보게 한다. 알다시피 문에서 예수님이 실재가 되시고, 제단에서 십자가가 실재가 되고, 물두멍에서 말씀이 실재가 되고, 이제 등잔대에서 하나님의 뜻이 실재가 된다. 하나님이 뜻을 계시하신다. 그래서 당신의 삶에 대한 주님의 계획을 알고 참여하게 된다. 하나님의 뜻이 당신의 뜻이 된다.

옆에는 진설병 상이 있다. 여기서 몸을 산 제물로 드린다. 떡은 몸이다. 예수님이 최후의 만찬 때 떡을 떼어 주시며 "이것은 내 몸이다"라고 말씀하셨다. 떡은 몸을 하나님께 드린다는 의미다. 우리 몸을 의의 병기로 드리는 것이다. 산 제물이다. 성령 세례 때 가장 놀라운 경험은 우리 몸을 산 제물로 드리고 우리 몸이 예수님의 몸이 되는 것이다.

> 그러므로 형제들아 내가 하나님의 모든 자비하심으로 너희를 권하노니 너희 몸을 하나님이 기뻐하시는 거룩한 산 제물로 드리라 이는 너희가 드릴 영적 예배니라 (로마서 12:1)

그다음에 당신은 향단 앞에 선다. 향단은 예배다. 예배란 무엇인가? 주님과 친밀하게 연합하는 것이다. 주님과 교제하는 것이다. 예배에 들어가면 주님이 당신을 붙드신다. 당신 몸의 모든 세포가 주님을 높인다. 당신 몸의 모든 부위가 주님의 이름을 높인다. 이는 단지 정신적인 일이 아니라 완전히 영적이다. 그때 "주의 폭포 소리에 깊은 바다가 서로 부르며"(시 42:7), 이어서 "주의 모든 파도와 물결이 나를 휩쓸었나이다"라고 말한다. 이 구절은 성령의 깊이를 묘사한다. 여기서 폭포는 바다의 토네이도다. 성령이 물속에서 당신을 들어 올려서 능력과 영광의 파도가 당신의 삶에 임하고 주님의 임재에 완전히 잠기는 것을 상상해 보라.

그렇게 될 때 당신의 내면에서 예배가 폭발할 것이다. 그 예배 중에 하나님의 음성을 들을 것이고, 그곳이 지성소의 언약궤다. 당신은 하나님의 임재를 연습하며 가장 거룩한 곳에 들어갈 것이다. "지존자의 은밀한 곳에 거주하며 전능자의 그늘 아래에 사는 자여"(시 91:1)라고 했다. 그곳이 우리의 은신처다. 2절에서 "나는 여호와를 향하여 말하기를 그는 나의 피난처요 나의 요새요 내가 의뢰하는 하나님이라 하리니"라고 한다. 그 다음에 7-8절을 보라. "천 명이 네 왼쪽에서, 만 명이 네 오른쪽에서 엎드러지나 이 재앙이 네게 가까이 하지 못하리로다 오직 너는 똑똑히 보리니 악인들의 보응을 네가 보리로다." 그리고 10절에서 말한다. "화가 네게 미치지 못하며 재앙이 네 장막에 가까이 오지 못하리니." 왜 그럴까? 지존자의 은신처에 거하기 때문이다. 당신은 그 은신처 안에 있다. 그 복된 곳에서 보낸 시간 때문에 하나님의 영광이 당신을 둘러싸고 있다.

내가 캐더린 쿨만의 집회에 다닐 때, 어떻게 그녀가 한 마디도 하지 않고 단상으로 걸어 나오기만 해도 치유가 일어나는지 놀라웠다. 그저 단상에 서 있고 한 마디도 말하지 않고 아무 메시지도 전하지 않았는데 사람들이 치유되는지 몰랐지만, 이제 그 이유를 알았다.

캐더린 쿨만처럼 예수님과 깊은 친교를 나누면, 당신이 방으로 들어올 때 예수님도 같이 방에 들어오시기 때문이다. 그래서 당신의 존재가 예수님의 임재가 된다. 당신의 몸이 예수님의 몸이 된다. 당신이 어딜 가든 그 영광이 함께한다. 당신이 오면 하나님의 임재도 함께 온다. 당신이 하나님과 하나 되었기 때문이다.

캐더린 쿨만이 기적 집회를 위해 캐나다 온타리오주 런던에 왔을 때가 기억난다. 토론토에 있는 우리 교회 교인들과 함께 그 집회에 갔다. 버스 한 대를 가득 채운 우리는 홀리데이 인 호텔에 내렸다. 그날 저녁 집회에 참석하기 위해 체크인을 하러 로비에 들어갔을 때 주 예수님의 임재를 강하게 느꼈다. 기적 집회는 홀리데이 인 호텔이 아니라 강당에서 열리는데 왜 호텔에서 주님의 임재가 느껴지는지 놀랍고 의아했다. 그런데 우리가 체크인하는 동안, 승강기에서 캐더린 쿨만과 비서 매기 하트너가 함께 내려서 깜짝 놀랐다. 그들은 로비를 지나 밖으로 나가 택시를 기다렸고 우리는 놀라서 지켜봤는데 여전히 예수님의 임재를 느낄 수 있었다. 택시가 캐더린 쿨만을 태우고 사라지자 영광도 호텔 로비에서 떠났다. 주님과 아주 친밀해서 당신이 가는 곳마다 주님이 함께하시는 것을 상상해 보라. 나는 다른 무엇보다 이것을 갈망한다.

하나님 임재 연습은 영의 영역이며, 하나님의 약속들이 활성화된다. 영의 영역 속에서 당신에게 승리가 임한다. 그 영역 밖에서는 죄를 이길 수 없다. 불가능하다. 성경에서 "이는 그리스도 예수 안에 있는 생명의 성령의 법[즉 성령]이 죄와 사망의 법에서 너를 해방하였음이라"(롬 8:2)고 하기 때문이다. 그 영역 밖에서는 하나님의 사랑을 참으로 알 수 없다.

> 내가 확신하노니 사망이나 생명이나 천사들이나 권세자들이나 현재 일이나 장래 일이나 능력이나 높음이나 깊음이나 다른 어떤 피조물이라도 우

리를 우리 주 그리스도 예수 안에 있는 하나님의 사랑에서 끊을 수 없으리라 (로마서 8:38-39)

당신이 영으로 그리스도 안에 있는 순간, 그분의 사랑이 생생한 현실이 된다. "모든 기도와 간구를 하되 항상 성령 안에서 기도하고"(엡 6:18). 그리스도 안에 들어가면 성령께서 당신을 소생시키시고 문에서 예수님을 경험한다. 제단에서 보혈을 경험하고, 물두멍에서 말씀을 경험한다. 등잔대에서 하나님의 뜻을 배운다. 그다음에 진설병상에서 하나님께 순복하고, 하나님이 당신의 몸을 맡으신다. 마지막으로, 향단에서 예배하고, 하나님의 영광이 당신을 둘러싸서 언약궤를 경험하고 거기서 하나님이 당신에게 말씀하신다. 그리고 밖으로 나가면 하나님이 당신과 동행하실 것이다.

그 은밀한 곳에서 당신은 안전하다. 은밀한 곳 밖은 위험하다. 다윗이 성령의 기름 부음 아래서 이에 대해 뭐라고 말했는지 시편 32편 7절을 보자.

주는 나의 은신처이오니 환난에서 나를 보호하시고 구원의 노래로 나를 두르시리이다

은밀한 곳에서 이런 일이 일어난다. 그곳은 안전하다. 오늘날 세상에 두려움이 만연하고 새로운 전염병과 새로운 위협들이 난무하는 가운데, 자녀와 손주들이 어떤 세상에서 살게 될지 걱정될 수 있다.

나도 그런 생각이 들 때가 있다. 그러나 은밀한 곳에 머물면 괜찮을 거라고 주님께서 확신을 주셨다. 그들은 보호받을 것이다. 우리도 은밀한 곳에 머물면 보호될 것이다.

> 하나님이여 내게 은혜를 베푸소서 내게 은혜를 베푸소서 내 영혼이 주께로 피하되 주의 날개 그늘 아래에서 이 재앙들이 지나기까지 피하리이다
> (시편 57:1)

지금까지의 내용은 당신을 하나님의 품 안에서 안전하게 지켜줄 기반이다. 이제 사역을 위해 당신 위에 임하는 기름 부음을 살펴보겠다. 이는 당신 안에 있는 기름 부음과 다르지만, 이 두 가지가 함께 이 절박한 세상에 주님을 놀랍게 계시할 것이다.

하나님 임재 연습은 영의 영역이며, 하나님의 약속들이 활성화된다. 영의 영역 속에서 당신에게 승리가 임한다. 그 영역 밖에서는 죄를 이길 수 없다. 불가능하다. 성경에서 "이는 그리스도 예수 안에 있는 생명의 성령의 법[즉 성령]이 죄와 사망의 법에서 너를 해방하였음이라"(롬 8:2)고 하기 때문이다. 그 영역 밖에서는 하나님의 사랑을 참으로 알 수 없다.

# Part 2
# 사역을 위한 기름 부음

Chapter 1

# 능력 기름 부음의 비밀

능력 기름 부음이라는 주제에 대해 전혀 모르는 신자들이 많지만, 하나님의 자녀로서 예수님의 보혈로 씻겨지고 성령으로 인쳐졌으면, 능력 기름 부음으로 일할 수 있고 또 마땅히 그렇게 일해야 한다. 기억하라. 요한일서 2장 27절의 거하는 기름 부음은 당신 '안에' 있고 사도행전 1장 8절의 능력 기름 부음은 당신 '위에' 있다. 이 둘은 다르다. 그런데 많은 신자가 다른 유형의 기름 부음을 알기는 고사하고, 삶 속에서 성령의 활동을 인식하지도 못한다. 그러나 하나님께 쓰임 받기 원한다면 반드시 능력 기름 부음 안에서 활동할 줄 알아야 한다.

모든 사람이 설교단에 서거나 사도, 선지자, 복음 전하는 자, 목사,

교사의 직분을 갖는 것은 아니지만, 모든 그리스도인이 사역해야 한다. 중보 기도로 영적 전쟁을 하든, 전도해서 그리스도께로 인도하든, 안수하며 치유 기도를 하든, 기적을 행하든, 지식의 말씀과 영적 은사로 사역하든, 돕는 사역을 하든 말이다. 다른 사람들에게 사역하는 데 쓰임 받으려면 능력 기름 부음이 있어야 한다.

> 내가 내 종 다윗을 찾아내어 나의 거룩한 기름을 그에게 부었도다 (시편 89:20)

## 거하는 기름 부음 위에 세우기

능력 기름 부음은 거하는 기름 부음의 튼튼한 기반 위에 세워져야 한다. 사도행전 1장 8절을 다시 보자.

> 오직 성령이 너희에게 임하시면 너희가 권능을 받고… 내 증인이 되리라 하시니라

이 사실을 알면 놀라겠지만, 능력 기름 부음이 당신 위에 있는 것은 당신을 위한 것이 아니다. 당신 혼자 획득하거나 성취할 수 있는 것이 아니므로 당신이 중심이 아니다. 개인적 이익을 위한 것이 아니므로 당신을 위한 것이 아니다. 다른 사람들을 유익하게 하려는 것이다.

하나님이 중심이시므로 당신을 위한 것이 아니다. 능력 기름 부음은 주 예수님을 위한 것이다. 능력 기름 부음은 하나님의 영광을 위한 것이다. 당신이 중심이 아니다.

하나님이 당신 안에 주신 거하는 기름 부음은 완전히 하나님이 통제하신다. 하나님이 철저히 책임을 맡으신다. 당신이 주님과 동행하고 임재 안에 거하는 한, 당신 안의 이 기름 부음이 충만하다. 이것의 주목적은 하나다. 당신을 주님의 형상으로 변화시키는 것이다.

이것이야말로 그리스도인의 삶에서 굉장히 신나는 일이다. 단지 천국에 가는 것이 아니다. 그리스도인의 삶을 신나게 하는 건 점점 더 예수님을 닮아가는 것이다. 그 변화는 구원받은 날 시작되었고, 그 이후 당신은 매일매일 예수님을 더 닮아가고 있다. 당신이 이 땅에 머무는 한, 늘 그리스도 예수의 형상으로 변화되어 갈 것이다. 이것이 거하는 기름 부음의 역할이다.

## 거하는 기름 부음과 능력 기름 부음

모든 그리스도인이 구원받을 때 거하는 기름 부음을 받는다. 그러나 모든 그리스도인이 능력 기름 부음을 받는 것은 아니다. 하나님이 사역에 사용하시는 사람들에게 능력 기름 부음을 주신다. 주님과 친밀해지고 주님이 우리를 신뢰하신 후에 받는다.

당신 안에 거하는 기름 부음은 당신을 영적으로 세워준다. 그것이 얼마나 강력하게 역사하는가는 당신의 갈급함에 달려 있다. 그러나 당신 위에 있는 능력 기름 부음은 주로 사역 대상자들의 갈급함에 달려 있다. 그들이 하나님의 능력에 갈급하면 그 결과로 그들에게 필요한 모든 것을 하나님이 당신에게 채우셔서 그 모든 것이 그들에게 흘러가게 하신다. 그들에게 기적이 필요할 수 있다. 축사가 필요할 수도 있다. 치유가 필요한 사람도 많을 것이다. 사람들의 필요를 채워야 하다 보니 사역의 부담이 매우 클 것이다. 이때 자기 힘으로 하려고 하면 추락해 무너질 것이다.

> 이는 힘으로 되지 아니하며 능력으로 되지 아니하고 오직 나의 영으로 되느니라 (스가랴 4:6)

매일 주님과 깊이 교제하는 시간을 갖는다면 이 부담은 감당할 수 있을 정도로 튼튼해질 것이다. 주님의 임재 안에 시간을 보내는 데 실패한다면, 이 부담이 너무 커서 감당할 수 없을 것이다.

어떤 사역으로 하나님께 쓰임 받으려면 능력 기름 부음은 필수적이다. 이 중요한 것이 갖춰져야 주님을 위해 일할 수 있고 하나님이 부르신 사역의 목적을 이룰 수 있다. 성령의 능력 없이 사역하면 안 된다. 설교가 완전하더라도 기름 부음이 없으면 능력이 없다. 세상에서 가장 재능 있는 찬양 사역자라도 기름 부음이 없으면 한 생명도 변화시키지 못한다. 기름 부음이 차이를 만든다.

# 능력 기름 부음의 위험성

성경 학교에서는 절대로 배울 수 없는 것을 말하겠다. 바로 능력 기름 부음의 위험성이다. 이 주제를 교실에서 가르치거나 강단에서 설교하는 일은 별로 없지만, 정말로 위험하다. 능력 기름 부음을 잘 감당하지 못하면 자신, 가족, 사역 대상자들이 해를 입을 수 있다.

사무엘 선지자가 사울에게 한 말을 보자.

> 네게는 upon thee(네 위에는) 여호와의 영이 크게 임하리니 너도 그들과 함께 예언을 하고 변하여 새 사람이 되리라 이 징조가 네게 임하거든 너는 기회를 따라 행하라 하나님이 너와 함께 하시느니라 (사무엘상 10:6-7)

첫째로 '네 안에 in thee'가 아니라 '네 위에는 여호와의 영이 크게 임하리니'라고 한 것에 주목하라. 따라서 이것이 외적 기름 부음, 능력 기름 부음이라는 것을 알 수 있다. 그다음 7절에서 '너는 기회를 따라 행하라'고 한다. 이것이 위험한 부분이다. 당신이 주관해야 하기 때문이다. 거하는 기름 부음은 하나님이 주관하시고, 그 기름 부음은 하나님과 교제함에 따라 성장하고 깊어진다. 그러나 다른 사람들에게 사역하기 위해 당신 위에 임하는 능력 기름 부음은 당신이 주관한다. 당신이 올바로 잘 사용하거나 오용할 수 있다. 그래서 사람들을 축복하거나 해칠 수 있다.

이것을 이해하는 게 매우 중요하다. 대부분 사람이 이것을 놓친다. 7절에서 '너는 기회를 따라 행하라'고 한다. 사역을 섬기면서 무엇이든 당신의 영에 감지되는 대로 하라는 의미다. 이제 능력 기름 부음은 당신의 것이니 인도를 느끼는 대로 행하라.

하나님이 능력 기름 부음을 당신 위에 두시는 것은 당신을 신뢰하기 때문에 이 신성한 무기를 맡기는 것이다. 당신을 신뢰한 나머지 당신이 그 기름 부음을 주관하게 하실 정도다. 얼마나 놀라운가! 당신을 변화시키는 거하는 기름 부음은 하나님이 주관하시지만, 능력 기름 부음은 당신에게 주관하라고 맡기시며, 이 기름 부음이 세상에 하나님의 능력을 나타낸다.

능력 기름 부음은 놀라운 만큼 위험하다. 그 이유는 하나님이 우리에게 그 기름 부음을 주관하라고 하시기 때문이다. 그런 엄청난 능력이 나타날 때 조심하지 않으면 오만해지기 쉽다. 그래서 오히려 해를 끼치게 된다. 애석하게도 많은 사람이 그러고 있다.

능력 기름 부음으로 무엇을 해야 할까? 능력 기름 부음을 올바로 사용하지 못해서 하나님께 퇴짜 맞은 사람이 많을 것이다. 주님께서 그들을 불법을 행하는 자들이라고 하시며 "내가 너희를 도무지 알지 못하니"(마 7:23)라고 말씀하신다. 우리는 이것이 사실임을 안다. 우리는 능력 기름 부음을 생각 없이 갖고 놀다 망한 사람들을 보았기 때문이다. 그들은 육신적 야망으로 하나님이 주신 이 거룩한 은사를 함부로 다루며 소명을 감당하는 것이 아니라 자기 이력을 만들려 했고, 사람들을 조종해 돈벌이를 하려 했고, 은사를 싸구려 상품처럼 팔려고 했다.

능력 기름 부음은 소중한 은사다. 그러므로 존중하고 경외심으로 대하고 다루어야 한다. 많은 사람이 능력 기름 부음을 다룰 때 경외심을 잃어버린다. 대단히 위험한 잘못이다. 가볍게 여기지 말아야 한다. 하나님이 엄청난 능력을 당신에게 맡기셨다. 당신은 이것으로 뭘 할지 주의하며 잘 다루어야 한다. 나는 하나님이 당신에게 주신 은사로 당신 자신과 다른 사람들에게 해를 끼치지 않기를 간절히 바란다. 하나님의 기름 부음을 잘못 다루었다가 수많은 사람이 해를 입었다. 심지어 죽은 사람들도 있다. 웃사의 경우를 한 번 보라. 웃사는 아비나답의 아들이었다. 언약궤가 블레셋 사람들의 땅에서 돌아왔을 때 사람들이 처음에 아비나답의 집에 언약궤를 두었다. 내가 보기에 웃사는 집에 언약궤가 늘 있으니까 너무 편안해져서 함부로 다루기 시작했던 것 같다. 우리는 늘 하나님의 거룩한 임재에 경외심을 갖고 우리 위에 머무는 능력 기름 부음을 존중해야 한다.

> 그들이 나곤의 타작 마당에 이르러서는 소들이 뛰므로 웃사가 손을 들어 하나님의 궤를 붙들었더니 여호와 하나님이 웃사가 잘못함으로 말미암아 진노하사 그를 그 곳에서 치시니 그가 거기 하나님의 궤 곁에서 죽으니라
> 
> (사무엘하 6:6-7)

능력 기름 부음을 잘못 사용하면 목숨을 잃을 수 있다. 자기 영혼이 망할 수 있다. 3장에서 했던 말을 기억하는가? 당신 위에 능력 기름 부음이 임하더라도 당신을 어떤 영적 거짓에 속지 않게 지켜주는

것은 아니다. 거짓에 속지 않게 지켜주는 것은 내적 기름 부음, 거하는 기름 부음이다. 거하는 기름 부음을 잘 관리하지 않으면, 당신이 거짓에 속아서 당신 위에 임하는 능력 기름 부음을 잘못 다룰 수 있다. 주님의 이름과 기름 부음을 잘못 사용할 수 있다. 그래서 마태복음 7장 22-23절에서 그날에 많은 사람이 "주여 주여 우리가 주의 이름으로 선지자 노릇 하며 주의 이름으로 귀신을 쫓아 내며 주의 이름으로 많은 권능을 행하지 아니하였나이까"라고 하지만, 주께서 "내가 너희를 도무지 알지 못하니"라고 말씀하신 것이다.

Chapter 2
# 능력 기름 부음은 성장하고 증가한다

 능력 기름 부음이 성장하고 증가할 때 믿음의 은사가 역사하기 시작한다. 앞에서 믿음에는 여러 종류가 있다고 했다. 구원받을 때 믿음을 주시고, 믿음의 열매는 구원의 결과다. 한편 믿음의 은사는 사역의 은사다. 하나님이 사역에 사용하시는 사람의 경우에 그 은사가 나타난다.
 이렇게 진행되는 순서를 사도행전에서 볼 수 있다. 사도행전 2장 47절에서 주님께서 더하게 하셨고, 사도행전 6장 1절에서 더 많아졌고, 사도행전 6장 7절에서 더 심히 많아졌다. 즉 능력 기름 부음이 더 커졌다. 더해졌고 많아졌고 더 심히 많아졌다. 그 후로는 아예 사람수를 세지도 않는다. 성경에서 그냥 많은 무리라고 할 뿐이다. 왜 그런가? 믿는 자의 수가 엄청나게 많아졌기 때문이다. 능력 기름 부음은 그렇게 커진다. 더해지고 많아지고 심히 많아진다.

이제 능력 기름 부음을 증가시키고 더 강력하게 하는 것이 무엇인지 살펴보겠다.

## 하나님의 말씀

첫 번째로 기름 부음을 증가시키는 것은 하나님의 말씀이다. 욥기 29장 6절에서 "젖(버터)으로 내 발자취를 씻으며 바위가 나를 위하여 기름 시내를 쏟아냈으며"라고 말한다. 내가 이 구절을 사람들에게 가르쳤을 때 어려워서 잘 이해하지 못했다. 버터로 내 발자취를 씻는 것은 깊이 있는 하나님의 말씀을 말한다. 하나님의 말씀을 깊이 아는 것은 매일 세 장 읽기를 겉핥기식으로 하는 것으로 되지 않는다. 성경 전체를 속독하는 것으로 되지 않는다. '일 년에 일독'을 한다고 되지 않는다.

물론 성경 통독이 좋고 강력 추천하지만, 여기서 말하는 요점은 그것이 아니다. 요트가 수면 위로 질주할 때 경험하는 공간은 물의 표면뿐이다. 잠수함은 표면 밑으로 들어가고 해저까지 도달할 수 있다. 잠수함을 만든 재료와 구조에 따라 얼마나 깊이 들어갈 수 있는지 한계가 정해진다. 오직 심해 잠수정만이 깊은 해저에 들어가서 지금까지 사람이 조사하지 못한 곳을 탐사할 수 있다.

하나님의 말씀도 마찬가지다. 하나님의 말씀을 깊이 알려면 성경을 무심히 읽는 것으로는 부족하다. 그냥 읽기만 하는 것은 깊이가 얕아서 물이 발목까지만 잠기듯이 하나님의 말씀을 미약하게 이해할 수 있을 뿐이다. 말씀을 깊이 경험하려면, 공부하고 조사하고 깊이 아주 깊이 들어가서 구석구석 조사해야 한다.

하나님의 말씀 속에 감춰진 보물을 발견하려면 정밀한 발굴 도구들이 필요하다. 히브리어, 헬라어 원어의 의미를 파고들어 성경이 정말로 말하는 바를 알아야 한다. 그렇게 하는 데 사용할 연구 자료로는 《스트롱 성구사전》,《확대 성경》 등이 있고 여러 가지 성경 번역본도 도움이 된다. 성경 앱이나 인터넷 성경 연구 사이트를 참조하면 여러 가지 번역이나 성경 공부 프로그램들을 이용할 수 있다. 그렇게 하면 하나님의 귀한 말씀인 성경을 더 폭넓게 볼 수 있고 더 자세한 내용도 배울 수 있다.

나에게 그런 일이 일어났던 때가 있다. 오래전 플로리다주 올랜도에서 내 삶에 엄청난 기름 부음이 임했다. 나는 앉아서 하늘을 우러러 보며 "사랑하는 예수님, 제게 피를 계시해 주세요"라고 기도했다. 그리고 엄청난 능력이 임하는 것을 느꼈다. 그래서 나는 하나님의 말씀에 나타난 피에 관해 공부했다. 나는 늘 성경을 읽었지만, 내가 성경을 공부하기 시작하자 우리 사역이 비약적으로 도약했다. 교회가 폭발적으로 성장하기 시작했다.

"자신이 하나님께 인정된 자라고 보여 주기 위해 공부하라"(딤후

2:15)고 성경은 기록한다. (개역개정: 인정된 자로 자신을 하나님 앞에 드리기를 힘쓰라.)
오늘날에는 인터넷이 있어서 내가 1970년대, 80년대에 공부했던 것보다 훨씬 편하게 할 수 있다. 당시에 나는 바닥에 책들을 늘어놓고 공부하느라 눈이 아프고 몸이 힘들었다. 그 책들을 다 늘어놓을 만큼 큰 책상이 없었기 때문이다. 그래서 책을 바닥에 사방으로 늘어놓고 공부했다. 나는 몇 시간씩 몰두했다. 과장이 아니다. 그렇게 해서 결국 기름 부음이 임했다. 값을 치를 때 능력 기름 부음이 임한다. 하나님의 영원한 말씀을 공부하는 값을 치를 때 능력 기름 부음이 임할 것이다.

> 너는 진리의 말씀을 옳게 분별하며 부끄러울 것이 없는 일꾼으로 인정된 자로 자신을 하나님 앞에 드리기를 힘쓰라 (디모데후서 2:15)

## 예수님의 피

성경에 따르면 기름 부음을 강력히 증가시키는 두 번째 진리는 예수님의 피다. 정결하게 하는 예수님의 피 아래 늘 머물지 않으면, 정결하지 않은 사람을 능력 기름 부음이 멸할 수 있다. 사역하는 사람은 올바른 삶을 유지해야 한다. 룻기 3장 3절에서 "너는 목욕하고(씻고) 기름을 바르고"라고 한다. 나오미가 룻에게 먼저 씻고 그다음에 기름을 바르라고 한 말이다. 즉 우선 보혈이 당신을 씻고 나면 그다음에 하나님을 섬길 수 있도록 기름 부음 받을 수 있다. 예수님의 피는 능력 기름 부음을 강하게 유지시킨다. 사역 위에 기름 부음을 강하게 유지시켜 준다.

## 하나님과의 교제

당신의 삶에 능력 기름 부음을 증가시키거나 확장하는 세 번째는 하나님과의 교제, 즉 꾸준한 기도다. 스미스 위글즈워드가 말했다. "나는 30분 이상 기도하는 경우가 별로 없지만, 기도하지 않고 30분이 넘어가는 경우는 절대로 없다."[1]

단지 하루에 몇 분 기도한다고 능력 기름 부음을 받지 않는다. 더 큰 노력, 결심, 지속력이 필요하다. 사도행전 1장 4절에서 주 예수님께서 제자들에게 예루살렘에서 기다리라고 하셨고, 14절에서 "오로지 기도에 힘쓰더라(이들 모두 기도를 지속했다)"고 한다. 그들이 기도를 지속했더니 사도행전 2장에서 능력이 임했다. 이 수준에 도달하려면 지속적인 합심 기도가 필요하다. 먼저 사도행전 1장 14절의 지속적인 기도를 하지 않으면, 사도행전 2장 4절에 약속된 능력을 받을 수 없다.

## 기름 부음을 받은 사람들과의 연합

하나님의 말씀, 예수님의 보혈 그리고 지속적인 기도가 능력 기름 부음을 강화시킨다. 그러나 올바른 사람들과 연합해야 삶이 변화되고 사역을 시작하는 능력이 있다는 것도 잊지 마라. 기름 부음 받은 하나님의 사람들과 올바로 연합하면 능력 기름 부음이 절대적으로 강화된다. 여호수아를 보라. 말씀을 사랑한 여호수아는 성막을 떠나지 않았고 하나님의 율법을 받아들였고 하나님과 교제하기를 좋아했다. 또한 모세를 떠나면 안 된다는 것을 알았다. 만일 모세를 떠나면 하나님이 정해 주신 연합이 깨진다는 것을 알았다.

나는 어떻게 알았는지는 모르지만, 하여튼 그 원리를 알았고 내가 부흥사 겸 목사가 된 후에 내 삶에 그 결과가 나타났다. 나는 1974년에 부흥사로서 말씀을 전하기 시작했고, 1983년에 목사가 되었지만, 그보다 오래전부터 캐더린 쿨만의 사역을 떠나면 안 된다는 것을 마음속에서 알았다.

나는 정확히 매일 저녁 8시에 그녀의 라디오 방송을 들었다. 미국 웨스트버지니아주 휠링에서 하는 방송이었다. 나는 토론토에서 그 방송을 들으며 필기했다. 아주 먼 곳에서 하는 방송이었지만 상관없었다. 나는 캐더린 쿨만의 방송을 꼭 들어야만 했다. 나는 지금도 녹음된 그녀의 방송을 듣는다. 왜 그러냐고? 연결 때문이다.

당신의 경우에는 앤드류 머레이Andrew Murray 같은 위대한 기독교 지도자들의 책을 읽는 것일 수 있다. 좋아하는 기독교 프로그램이 근무 중에 방송되면 녹화해 두었다가 나중에 느긋하게 시청하면 집중할 수 있을 것이다. 하나님의 사람들의 글을 읽거나 방송을 시청할 때 연결되는 것을 느낄 것이고 그들의 기름 부음을 느낄 것이다. 설령 그들이 이미 천국에 갔다고 해도 당신은 이 땅에서 여전히 그들의 기름 부음을 느낄 수 있을 것이다. 주님께서 개인들에게 기름 부으실 뿐 아니라, 그들의 사역에도 기름 부으신다. 그래서 사역자가 천국으로 가면 그 사역 위에 있는 능력 기름 부음이 지속되어 녹화된 동영상, 녹음, 책을 통해 사람들에게 역사한다. 기름 부음이 책과 방송을 통해 전달된다. 책이나 설교를 쓸 때, 노래를 지을 때 기름 부음이 흘렀으면 지금도 여전히 느낄 수 있다. 기름 부음은 시간이나 공간에 제한되지 않는다. 하나님이 원하시면 언제 어디서나 역사한다.

나는 하나님의 사람들과 늘 연결되어 있는 것이 중요하다는 것을 개인적으로 경험하며 배웠다. 물론 내가 하나님과 동행할 때 하나님과의 교제가 깊어진다. 내가 하나님과 늘 친밀하면 하나님의 임재가 깊어진다. 그러나 능력 기름 부음이 계발되고 확장되는 것은 하나님과 가까이 동행하면서 또한 하나님이 사용하시는 사람들과 연결될 때다. 하나님이 사용하시는 사람들과의 교제는 필수적이다. 하나님 그리고 성도들과 교제하는 것이 열쇠다. 히브리서 10장 25절에서 "모이기를 폐하는 어떤 사람들의 습관과 같이 하지 말고"라고 한다. 능력 기름 부음으로 사역하는 사람들과 늘 연결되어야 한다는 강력한 원칙을 잊지 마라. 전도서 4장에 이 중요한 원칙이 있다.

두 사람이 한 사람보다 나음은 그들이 수고함으로 좋은 상을 얻을 것임이라 혹시 그들이 넘어지면 하나가 그 동무를 붙들어 일으키려니와

한 사람이면 패하겠거니와 두 사람이면 맞설 수 있나니 세 겹 줄은 쉽게

끊어지지 아니하느니라 (전도서 4:9-10, 12)

물론 당신 혼자도 하나님으로 인해 강하다. 그리스도가 힘을 주셔서 당신은 모든 것을 할 수 있다. 당신을 치려고 제조된 모든 연장이 쓸모없을 것이다. 당신 안에 계신 이가 세상에 있는 이보다 크시기 때문이다.

한 사람이 천 명을 이길 수 있다. 천 명은 큰 숫자다. 그러나 두 사람은 만 명을 이길 수 있다. 세상에서는 1 더하기 1은 2이지만, 하나님 나라에서는 1 더하기 1은 만이다. 그런 식으로 계산하면 한 사람이 천을 이길 수 있고, 둘이 만을 이길 수 있고, 셋이 십만을 이길 수 있고, 넷이 백만을 이길 수 있다. 우리가 함께하면 더 강하다.

진실로 다시 너희에게 이르노니 너희 중의 두 사람이 땅에서 합심하여 무엇이든지 구하면 하늘에 계신 내 아버지께서 그들을 위하여 이루게 하시리라 두세 사람이 내 이름으로 모인 곳에는 나도 그들 중에 있느니라

(마태복음 18:19-20)

사역에서 하나님의 사람들과 연합하는 것은 필수적이다. 연합하면 능력 기름 부음이 강해진다.

## 능력 기름 부음을 느낄 수 있다

당신은 능력 기름 부음을 느낄 수 있다. 능력 기름 부음은 정서, 신체에 영향을 미친다. 당신의 영이나 속사람에는 영향을 미치지 않는다. 반면에 내면에 거하는 기름 부음은 당신의 영에 영향을 미친다. 당신 위에 있는 능력 기름 부음은 몸과 감정에 영향을 미친다. 그래서 능력 기름 부음 아래 있을 때는 감정적이 된다. 신체적으로 강해진다. 그래서 사무엘상 10장 6절에서 네가 "변하여 새 사람이 되리라"고 했다. 성령이 당신 위에 임하면 당신은 다른 사람이 될 것이다. 당신은 다르게 말하고, 다르게 행동하고, 다르게 생각하고, 다르게 느낄 것이다. 당신의 모든 것이 달라질 것이다.

능력 기름 부음이 당신 위에 머물 때는 원래 성격과 다르게 목소리가 커지고 표현력이 커지고 감정이 풍부하고 예민할 수 있다. 내가 경험해 보니 그렇다. 내가 주를 예배할 때는 매우 조용하고 예측 가능한 행동을 하지만, 하나님께 순복하여 능력 기름 부음이 내 위에 머물 때는 매우 예리하고 담대해진다. 그래서 내가 그다음에 뭘 할지 아무도 모른다. 사역하라고 하늘에서 내려주신 그 능력을 이제 자신이 책임지고 사용해야 한다.

능력 기름 부음은 몸으로 뚜렷이 느낄 수 있다. 능력 기름 부음이 기쁨의 강처럼 당신에게서 흘러나올 수 있다. 시편 45편 1절에서 "내 마음이 좋은 말로 왕을 위하여 지은 것을 말하리니 내 혀는 글솜씨가 뛰어난 서기관의 붓끝과 같도다"라고 한다. 마음이 끓어오른다는 말이다. '내 마음이 좋은 일로 거품이 일거나 끓어오르는 것 같다. 억누를 수 없다. 나는 완전히 불붙었다'라는 말이다.

능력 기름 부음이 떨림으로 임할 수도 있다. 구약에서 다니엘이 몸에 기름 부음을 느꼈을 때 떨기 시작했다(단 10:10). 나도 캐더린 쿨만의 집회에서 그런 경험을 했다. 굉장히 오래 전신이 떨렸다. 마치 뼈가 관절에서 풀리는 것 같았다. 나는 그 성령의 기름 부음을 매우 강하게 느꼈는데, 1973년에 캐더린 쿨만을 처음 보았을 때 집회가 열리는 교회 밖에 서 있을 때도 그랬고 교회 안에서도 그랬다. 나는 전신이 떨렸다. 마치 추워서 그런 것처럼 보였지만, 사실 전혀 춥지 않았다.

성경에 따르면 예레미야 선지자는 입(렘 5:14)과 마음(렘 20:9)에 불이 임한 것을 느꼈다. 하나님이 예레미야를 통해 말씀하실 때 예레미야는 불이 임한 것을 느꼈다. 나도 그 불이 임한 것을 느낀 적이 있다. 우리 교회인 올랜드 크리스천 센터와 대형 집회들에서 내 입안에 불이 임한 걸 느꼈다. 절대 잊을 수 없다. 하나님이 입안의 혀 위에 불을 주신다. 능력 기름 부음이 불타면 그 강렬함을 입안에서 느낄 수 있다.

입안뿐 아니라 마음속에도 불이 있다. 말씀을 전할 때 뼛속에서 불을 느낀다. 몸으로 느낄 수 있다. 나는 그런 불이 내 위에 임한 것을 느끼고 내면이 너무나 불타올라서 '나 터질 것 같아!'라고 생각했었다. 어떤 사람들은 피부가 토마토처럼 빨갛게 된다. 나는 캐더린 쿨만이 그렇게 된 것을 자주 보았다. 능력 기름 부음의 열기로 피부가 빨개져서 그녀가 가까이 다가오면 실제로 그 열기를 느낄 수 있었다.

한번은 캐더린 쿨만이 예배당 긴 의자들 사이 통로를 걸어서 가까이 왔는데 얼굴이 성령의 불로 빛났고 뺨 등 모든 게 빨개져 있었다. 그녀가 나를 보자 하나님의 능력이 내 위에 임해서 나가떨어졌다.

마음도 타오른다. 엠마오로 가는 길에 예수님을 만난 제자들이 그랬다.

> 그들이 서로 말하되 길에서 우리에게 말씀하시고 우리에게 성경을 풀어 주실 때에 우리 속에서 마음이 뜨겁지 burn(타오르지) 아니하더냐 하고
> (누가복음 24:32)

타오름 burning과 불 fire은 다르다. 타오름은 성령 안에서 억제되고 억눌리는 것과 같다. 먼저 타오르고 난 다음에 증거해야 한다. 불타오를 때는 내면에 봉인되어 있어서 폭발할 것 같이 된다. 말을 하긴 해야 하지만, 아직 때가 아닐 수 있다. 하나님의 때를 기다려야 한다.

하나님이 예언의 말씀을 주실 때 우리가 타오를 때가 많다. 그러나 드러낼 적기를 기다려야 한다. 하나님의 때를 기다리지 않고 때가 아닌데 말하면, 하나님이 의도하신 대로 사람들에게 영향을 미치지 못할 것이다. 때가 될 때까지 잠잠히 있어야 하고 때가 되어 말하면 비로소 하나님의 말씀이 최대의 영향을 미칠 것이다. 다음 구절을 기억하라.

> 예언하는 자들의 영은 예언하는 자들에게 제재를 받나니 (고린도전서 14:32)

기대하라! 능력 기름 부음이 또 어떻게 나타나는지 점점 더 흥미로워질 것이다.

Chapter 3

# 능력 기름 부음은 전달되고 저장될 수 있다

능력 기름 부음은 커지고 몸으로 느낄 뿐 아니라 전달될 수 있다. 열왕기하 4장 16-29절에서 수넴 여인이 엘리사를 찾아가서 아들이 죽었다고 말하자 엘리사가 시종 게하시에게 말했다. "네 허리를 묶고 내 지팡이를 손에 들고 가라 사람을 만나거든 인사하지 말며 사람이 네게 인사할지라도 대답하지 말고 내 지팡이를 그 아이 얼굴에 놓으라"(29절).

게하시가 지팡이를 아이 얼굴에 놓았지만, 아무 일도 일어나지 않았다. 게하시가 한눈을 팔았기 때문이다. 엘리사는 게하시에게 아무 하고도 말하지 말고 가라고 미리 주의를 주었다. 정신이 산만해지면 기름 부음이 사라지기 때문이다. 흐름이 끊어지면 기름 부음이 떠난다. 또한 능력 기름 부음이 지팡이 같은 물건에까지 전달될 수 있다.

성경의 또 다른 곳을 보면 능력 기름 부음이 시체에 전달된다. 열왕기하 13장에서 엘리사의 뼈들이 죽은 아말렉 사람을 살렸다. 죽은 엘리사의 뼈에 남아 있던 능력 기름 부음이 죽은 지 얼마 안 된 아말렉 사람의 시체에 닿자 능력 기름 부음이 엘리사의 뼈들에서 시체에 전달되어 회생하여 일어서게 했다.

능력 기름 부음은 손을 통해 전달될 수 있다. 사도행전 19장에서 하나님은 바울의 손으로 성령의 능력을 전달하게 하셨다. 그의 손이 능력의 통로가 되었다. 그리고 그 통로를 통해 능력 기름 부음이 손수건에 임했고, 일단 능력 기름 부음이 저장되자 목적을 달성할 때까지 머물러 있었다.

> 하나님이 바울의 손으로 놀라운 능력을 행하게 하시니 심지어 사람들이 바울의 몸에서 손수건이나 앞치마를 가져다가 병든 사람에게 얹으면 그 병이 떠나고 악귀도 나가더라 (사도행전 19:11-12)

나도 사역하면서 그런 것을 경험했다. 내가 어떤 것을 만질 때 내 손에서 능력 기름 부음이 전달될 뿐 아니라, 내 몸에서 셔츠와 양복으로도 전달되었다. 그래서 사람들에게 내 재킷을 던질 때가 있다. 어느 때는 안수할 때보다 재킷을 던질 때 더 많은 능력이 임하는 것을 보았다. 왜 그럴까? 내 재킷이 능력 기름 부음을 저장하고 있었기 때문이다.

처음에는 나도 믿지 못했다. 그러다 깨달았다. 이것은 천이 액체를 흡수하는 것과 같다. 사역하는 동안 재킷이 점점 더 흡수하고 있었던 것이다. 기름 부음이 옷에 떨어지고 침투한다. 그래서 시간이 오래될수록 더 많은 능력이 임한다.

능력 기름 부음은 물건, 나무 조각, 천에 축적된다. 옷에서 능력 기름 부음이 떨어지기도 한다. 누가복음 8장에서 혈루증이 있는 여인은 이것을 알고 '예수님의 옷자락을 만질 수만 있다면 좋겠다'라고 생각했고 주님께서는 능력 기름 부음이 옷을 통해 나간 것을 느끼시고 "누가 나를 만졌느냐?"라고 물으셨다. 주님께서는 능력이 나간 것을 아셨다.

나는 능력 기름 부음이 옷이나 다른 물건에 저장되는 것을 여러 번 느꼈다. 다른 때 사용할 수 있도록 저장하라고 하시니 얼마나 놀라운가.

## 우리는 이 기름 부음을 전달할 수 있다

능력 기름 부음은 우리가 전달할 수 있는 유일한 기름 부음이다. 반면에 내가 어떤 사람에게 안수하면서 "구원받으라"고 내 마음대로 말할 수 없다. 또 요한일서 2장 27절의 거하는 기름 부음도 내가 전달할 수 없다. 이 기름 부음은 구원받을 때 임하며, 이 기름 부음이 바로 주님이시다. 내가 주님을 마음대로 전달할 수는 없다.

내가 어떤 사람에게 안수하면서 "성령받으라"고 말할 수 없다. 이는 성경적이지 않다. 그러나 성령의 은사들은 전달할 수 있다. 반면에 오직 주 예수님만 성령을 주신다(요 20:22 참조).

그러나 교회인 우리는 성령의 능력과 기름 부음을 전달할 수 있다. 이것은 사도행전 1장 8절의 능력 기름 부음이다. 하나님이 이 기름 부음을 당신에게 주신다. 하나님이 특정한 자리를 맡기신 성령 충만한 개인들에게 능력 기름 부음을 주신다.

사도행전 6장을 기억하라. 그때 좀 문제가 있었다. 제자들이 늘어났고 이스라엘 토착 유대인 신자들이 그리스 국적의 헬라파 유대인 신자들을 잘 돌보지 않았다. 즉 그들 중 과부들이 돌봄을 받지 못했다. 그래서 그리스인들이 사도들에게 와서 말했다. "우리가 부당한 대우를 받고 있어요." 그러자 사도들이 이렇게 말했다.

> 형제들아 너희 가운데서 성령과 지혜가 충만하여 칭찬 받는 사람 일곱을 택하라 우리가 이 일을 그들에게 맡기고 우리는 오로지 기도하는 일과 말씀 사역에 힘쓰리라 하니 온 무리가 이 말을 기뻐하여 믿음과 성령이 충만한 사람 스데반과 또 빌립과 브로고로와 니가노르와 디몬과 바메나와 유대교에 입교했던 안디옥 사람 니골라를 택하여 사도들 앞에 세우니 사도들이 기도하고 그들에게 안수하니라 (사도행전 6:3-6)

그들이 안수했을 때 사역을 위한 능력이 임했다. 이들은 성령 충만하고, 거듭나고, 신실하여 신뢰받는 사람들이었고, 이제 사도들이 안수해서 사역을 위한 능력을 전달했다. 어떤 사람에게 안수하기 전에 주님이 정말로 그 사람에게 그 사역을 위해 부르셨는지 조심해서 분별해야 한다. (이것은 나중에 더 얘기하겠다.) 그러나 안수해서 능력 기름 부음을 전달하라고 하실 때도 있으므로 기도하며 주의하여 순종해야 한다.

## 능력 기름 부음은
## 우리의 약점에 영향을 미친다

우리에게는 최소한 하나씩은 약점이 있다. 능력 기름 부음이 임하면 사람의 모든 것을 활성화한다. 그러므로 당신의 약점이 통제되지 않으면 능력 기름 부음이 그 약점을 들쑤실 것이다. 능력 기름 부음이 좋은 것이든 나쁜 것이든 모든 걸 활성화하기 때문이다. 능력 기름 부음이 임하면 당신의 몸과 혼에 영향을 미친다. 하지만 당신의 영에는 영향을 미치지 않는다.

거하는 기름 부음, 즉 당신 안에 있는 기름 부음은 당신의 영과 영적 삶에 영향을 미친다. 반면에 능력 기름 부음, 즉 사역을 위해 당신 위에 있는 기름 부음은 당신의 몸과 혼에 영향을 미친다. 당신의 정서와 신체적 힘에 영향을 미친다. 그래서 그 기름 부음 아래 있는 사람은 목소리가 커지고, 용감해지고 저돌적이 된다. 이는 능력 기름 부음이 모든 것을 활성화한 결과다. 사람들을 강하게 하므로 좋은 것이다.

그러나 사람의 약점 등 나쁜 것도 활성화한다.

부름 받았든 아니든 우리 모두 약점이 있다. 정말로 모든 사람이 그렇다. 예외가 없다. 잘 통제되지 않으면 모든 약점이 능력 기름 부음 아래서 활성화된다. 당신의 결점들을 통제하는 유일한 방법은 주님의 임재 안에 있는 것이다. 예수님이 임재하시면 약점이 활동하지 못하고 시든다. 통제된다. 약점이 여전히 존재하긴 하지만, 소리도 없고 활동할 자리도 없다. 마치 마비되어 반응이 없는 것과 같다. 거하는 기름 부음 아래서 하나님의 임재로 약점이 이미 처리되었기 때문에 능력 기름 부음 아래 사역할 때 약점이 나타나지 않는다.

예를 들어 거짓말을 많이 하는 사람이 있다. 그는 항상 어떤 것에 대해 거짓말을 한다. 그는 어릴 때부터 아빠나 엄마나 선생님이 무서워서 거짓말로 궁지에서 벗어나곤 했다. (모든 거짓말은 두려움으로 시작된다. 거짓말에서 해방되지 않으면 거짓말이 마귀의 견고한 진이 된다.) 이제 그는 항상 거짓말하고 멈출 수가 없다.

그러나 하나님의 임재 안에서 거짓말의 견고한 진이 힘을 잃고 위축된다. 그 사람도 주 예수님이 계실 때는 항상 진실을 말한다. 하나님의 임재 안에 살고 시간을 보내기 때문에 거짓말을 통제할 수 있다. 통제력을 얻기 위해 치러야 하는 값은 하나님의 임재 안에서 시간을 보내는 것이다. 우리의 약점들을 통제하려고 치러야 하는 값은 주 예수님과 함께 있는 시간을 갖는 것이다.

그러면 이제 하나님이 그를 사용하기 시작하신다. 그가 신실하기 때문이다. 그리고 그는 약점을 통제해 왔다. 그러나 그가 말씀, 기도,

교제에 시간을 투자하지 않으면, 약점이 다시 고개를 들고 곧 왕성하게 활동하기 시작한다. 능력 기름 부음 아래 있으면서 주님과의 시간을 갖지 않으면, 능력 기름 부음 아래서 거짓말하게 된다. 하나님께서 그 사람을 사용하지 않으시는 평상시보다 그 사람을 사용하시는 사역 중에 더 많은 거짓말을 하게 된다. 그래서 설교하면서 가장 큰 거짓말을 하게 된다.

거짓말뿐만 아니라 이성 문제, 교만, 욕심 등이 틈탈 수 있다. 기억하라. 능력 기름 부음은 좋은 것이든 나쁜 것이든 사람 안에 있는 모든 것을 활성화한다. 하나님이 기름 부으실 때 사람들이 최상의 상태가 되지만, 가장 좋은 것뿐만 아니라 가장 나쁜 것도 나타난다.

그래서 하나님께 사용되는 최고의 순간 후에 최악의 실패가 발생한다. 어떤 사역이든 그렇다. 최고의 순간이 가장 위험하다. 하나님이 당신을 사용하실 때 모든 것이 활성화되기 때문이다. 타락한 사역 지도자들의 다수가 최고의 순간 후에 타락했다.

위대한 영적 승리를 하고 능력 기름 부음이 강력하게 역사한 후에 우리의 약점들이 표면에 등장해 우리를 지배할 수 있다. 우리는 그 공격을 미리 인지하고 주님과 개인적 시간을 가져서 자신을 튼튼히 해야 한다.

사역 후에 어떤 상태가 되는지 생각해 보면 이해될 것이다. 감정은 고조되고 몸은 힘이 떨어지고 피곤하다. 이때가 가장 취약하다. 그러므로 사역하기 전에 하나님의 임재 안에서 약점을 통제하지 않았으면 약점이 활성화되어 하나님이 당신을 사용하신 직후에 범죄할 수 있다.

어떤 사람이 큰 능력으로 설교한 후에 매번 아내가 아닌 다른 여인과 동침한다는 얘기를 듣고 너무 고민이 된 나는 오랄 로버츠Oral Roberts에게 "어떻게 그럴 수 있습니까?"라고 물었다.

"베니, 모든 사람은 결점이 있어. 기름 부음은 좋은 것과 나쁜 것을 다 활성화해. 그러니 사역하기 전에 하나님의 임재 안에 있는 시간을 가져서 하나님께서 위축시키시게 하게. 그리고 하나님께서 사용하신 후에는 열심히 기도해서 죄에 빠지지 않게 하게."

설교자의 예를 들었지만, 능력 기름 부음 아래서 하는 모든 것에는 이 원리가 적용된다. 하나님이 당신을 사용하신 후에 힘이 빠져서 죄짓고 싶어질 때 혼자 기도하는 시간을 가져야 한다. 그리고 계속 사역하려는 욕심을 버려야 한다. 무슨 일이 있어도 즉시 사역을 멈춰야 한다. 멈추지 않고 약한 상태로 계속 사역하면 조금 남은 힘마저 고갈되어 기도조차 못 하게 될 것이다.

나는 사역하면서 그런 경험을 했다. 너무 많은 사람이 기도해 달라고 할 때 나는 생각했다. '피곤하지만 사람들에게 친절해야 해. 그들을 위해 기도해 줘야 해.' 이런 생각은 매우 위험하다. 피곤할 때 그렇게 하는 것은 최악의 선택이다. 능력 기름 부음 아래서 사역한 후에 하나님의 임재와 다시 연결되기 위해 혼자 기도하는 시간을 가지면 자신을 보호할 수 있다. 그럴 때 약점이 통제되어 피곤할 때 인간적 결점이 드러나지 않는다. 그러므로 사람들에게 작별 인사하고 주 예수님과 얘기할 수 있는 곳으로 혼자 가라. 그렇게 하면 강건할 수 있고 당신의 인간적 본성을 하나님이 통제하시게 할 수 있다.

하나님께서 그리스도인인 당신에게 주신 어떤 일을 통해서 능력 기름 부음이 당신의 삶에 흐를 수 있다. 교회나 큰 사역의 전임 직분에 부름 받을 수도 있다. 또는 기업가, 전문직, 교사, 공예가, 예술가, 음악가, 작가로 부름 받을 수 있다. 배우자, 부모, 조부모의 역할로 하나님이 사용하실 수도 있다.

당신이 어떤 부르심을 받았든 능력 기름 부음이 그것을 성취할 수 있게 해준다. 이제 이 외적 기름 부음을 일으키는 것은 무엇인지 살펴보자. 주 예수님을 위해 사역하기 전에 주 예수님을 섬기는 사역을 먼저 해야 한다.

## Chapter 4
# 찬양으로 주님께 하는 사역의 비밀

예배 없이 주님을 아는 건 불가능하다. 예배만이 하나님을 계시한다. 그러므로 예배 없이 주님을 위해 사역할 수는 없다. 예배는 하나님의 능력이 임하고 계속 역사하며 당신의 삶에 흐르게 한다. 거하는 기름 부음과 능력 기름 부음 모두 하나님을 예배하는 것에 달려 있다. 이 놀라운 진리가 성경에 나타난다.

오라 우리가 여호와께 노래하며 우리의 구원의 반석을 향하여 즐거이 외치자 우리가 감사함으로 그 앞에 나아가며 시를 지어 즐거이 그를 노래하자 여호와는 크신 하나님이시요 모든 신들보다 크신 왕이시기 때문이로다 땅의 깊은 곳이 그의 손 안에 있으며 산들의 높은 곳도 그의 것이로다 바다도 그의 것이라 그가 만드셨고 육지도 그의 손이 지으셨도다 오라 우리가 굽혀 경배하며 우리를 지으신 여호와 앞에 무릎을 꿇자 그는 우리의 하나님이시요 우리는 그가 기르시는 백성이며 그의 손이 돌보시는 양이기 때문이라 (시편 95:1-7)

이 시편에서 놀라운 초청을 한다. 먼저 노래하고 하나님을 찬양하며 즐거이 외치자고 한다. 그 즐거운 외침 속에 하나님이 우리 삶 속에 하신 일이 계시된다. 1절에서 하나님이 '우리의 구원의 반석'이라고 한다. 1절의 초청이 2절에 반복되며 2절에서도 여전히 찬양과 감사와 관련된다. 이어서 하나님이 크신 하나님이요 크신 왕이라고 하면서 예배하라고 한다. 여기에 초점을 맞추겠다. 찬양이 예배와 어떻게 다른지 알아야 하기 때문이다.

하나님이 우리 삶에 하신 일 때문에 우리는 감사한다. 하나님의 능력과 위대하심 때문에 우리는 찬양한다. 그러나 우리가 하나님을 예배하는 것은 하나님이 거룩하시기 때문이다. 6-7절을 보라. '오라 우리가 굽혀 경배하며 우리를 지으신 여호와 앞에 무릎을 꿇자 그는 우리의 하나님이시요 우리는 그가 기르시는 백성이며.' 오직 우리가 하나님의 백성이므로 예배할 수 있다.

감사와 찬양은 예배와 수준이 다름을 알 수 있다. 우리가 보고 경험한 것으로 인해 감사한다. 하나님이 하신 일로 인해 찬양한다. 찬양과 감사는 자연적 세계와 그 안에서 하는 경험과 관련된다. 그래서 자연적 세계와 연결된 부분인 우리의 감각과 신체적 존재에서 나온다. 그러나 예배는 하나님이 누구이시며 우리가 하나님과 어떻게 연결되어 있는가로부터 우리 영의 사람을 통해 나온다. 우리가 예배할 때 하나님의 임재에 들어가는데 단지 하나님이 창조하신 존재로서가 아니라 하나님의 자녀로서 들어가며 하나님과의 친밀함을 누리며 하나님의 거룩한 본질을 강렬히 인식하는 특권이 있다. 이것은 우리의 가장 깊은 부분에서 나오며 그때 우리 영의 사람이 하나님의 성령과 연합한다.

시편 96편 9절이다. "아름답고 거룩한 것으로 여호와께 예배할지어다 온 땅이여 그 앞에서 떨지어다." 여호와의 거룩함과 여호와를 경외함이 계시되지 않으면 하나님을 예배하는 것은 불가능하다.

## 찬양하는 여섯 가지 이유

먼저 찬양한 다음에 예배할 수 있다. 이 교훈이 근본이므로 간과하거나 건너뛸 수 없다. 나도 이 사실을 모르다가 캐더린 쿨만의 말을 듣고 이해하게 되었다. 다음은 우리가 찬양해야 하는 여섯 가지 이유다.

### 1. 찬양 가운데 하나님이 계신다.

시편 22편 3절이다. "이스라엘의 찬송 중에 계시는 주여 주는 거룩하시니이다." 하나님은 우리의 찬양 중에 거하신다. 하나님은 찬양 가운데 사시고 이곳이 하나님의 주소다. 당신이 매일의 삶 속에서 찬양하지 않으면 절대로 예배할 수 없다. 예배 없이는 당신의 삶 위에 하나님의 기름 부음이 충만히 임할 수 없다. 찬양 가운데 하나님이 계신다.

### 2. 찬양하면 하나님의 보좌 앞에 나아갈 문이 열린다.

시편 100편 4절이다. "감사함으로 그의 문에 들어가며 찬송함으로 그의 궁정에 들어가서." 찬양한다고 해서 보좌 앞으로 직행하는 것이 아니라 보좌 앞으로 가는 문이 열린다. 예배해야만 하나님의 보좌 앞에 갈 수 있지만, 찬양은 먼저 길을 열어 준다. 우리가 주를 찬양할 때 더 가까이 오라는 초청을 받고 나아갈 수 있다.

### 3. 찬양하면 우리 삶과 주변의 분위기가 달라진다.

이사야서 61장 3-4절이다. "무릇 시온에서 슬퍼하는 자에게 화관을 주어 그 재를 대신하며 기쁨의 기름으로 그 슬픔을 대신하며 찬송의 옷으로 그 근심을 대신하시고 그들이 의의 나무 곧 여호와께서 심으신 그 영광을 나타낼 자라 일컬음을 받게 하려 하심이라 그들은 오래 황폐하였던 곳을 다시 쌓을 것이며 옛부터 무너진 곳을 다시 일으킬 것이며 황폐한 성읍 곧 대대로 무너져 있던 것들을 중수할repair(고칠) 것이며." 하나님을 찬양할 때 수리된다는 것을 생각해 보라. 새 옷을 입는다는 것은 단지 기분이 좋다는 문제가 아니라, 능력 있게 의롭게 살기 시작한다는 것이다. 원수가 당신과 다른 사람들에게 끼친 해를 하나님이 당신을 사용하여 고치기 시작하신다는 것이다.

### 4. 찬양하면 해방된다.

시편 50편 23절이다. "감사로 제사를 드리는 자가 나를 영화롭게 하나니 그의 행위를 옳게 하는 자에게 내가 하나님의 구원을 보이리라." 즉 해방하신다. 만일 악한 영의 공격을 받고 있다면 당신을 해방할 큰 능력이 찬양에 있다. 문제가 있을 때 하나님을 찬양하기 시작하라. 하나님을 높이는 찬양이 주변을 장악하면 문제가 무릎 꿇고 떠날 것이다.

찬양은 소리가 있다. 단지 목소리와 박수 소리가 아니다. 찬양은 쇠사슬이 끊어지는 소리 같다. 바울과 실라가 그런 경험을 했다. 우리가 감옥에 갇혀 하나님을 찬양할 때 쇠사슬이 끊어져 떨어지고 감옥 문이 활짝 열린다. 우리의 찬양은 다른 사람들마저 해방하는 능력이 있다. 바울과 실라가 찬양했을 때 큰 능력이 임해 감옥이 흔들렸다. 영적인 것이 자연적인 것에 영향을 미쳤다.

> 한밤중에 바울과 실라가 기도하고 하나님을 찬송하매 죄수들이 듣더라 이에 갑자기 큰 지진이 나서 옥터가 움직이고 문이 곧 다 열리며 모든 사람의 매인 것이 다 벗어진지라 (사도행전 16:25-26)

바울과 실라가 찬양했을 때 간수와 그의 집안이 다 구원받고 세례받았다. 찬양은 사람들을 해방한다.

### 5. 찬양은 당신의 삶을 보호하고 보존한다.

시편 59편 17절이다. "나의 힘이시여 내가 주께 찬송하오리니 하나님은 나의 요새이시며 나를 긍휼히 여기시는 하나님이심이니이다." 다윗은 하나님이 그의 요새이시라고, 즉 하나님이 그를 보호하신다고 찬양했다. 시편 71편 6-7절에서는 다윗이 보존에 대해 말한다. "내가 모태에서부터 주를 의지하였으며 나의 어머니의 배에서부터 주께서 나를 택하셨사오니 나는 항상 주를 찬송하리이다 나는 무리에게 이상한 징조 같이 되었사오나 주는 나의 견고한 피난처시오니." 보호와 보존 모두 찬양 중에 일어난다.

### 6. 찬양은 우리의 전쟁 무기다.

시편 149편 6, 8-9절이다. "그들의 입에는 하나님에 대한 찬양이 있고 그들의 손에는 두 날 가진 칼이 있도다… 그들의 왕들은 사슬로, 그들의 귀인은 철고랑으로 결박하고 기록한 판결대로 그들에게 시행할지로다 이런 영광은 그의 모든 성도에게 있도다 할렐루야." 우리가 찬양할 때 하나님의 심판을 원수들에게 집행할 능력을 얻는다. 이것은 다윗 시대에 권력을 가진 사람들을 신체적으로 제압해 보좌에서 끌어내리는 것을 의미했다. 우리 시대에는 다윗 시대처럼 사람과 싸우지 않는다. 에베소서 6장 12절에서 "우리의 씨름은 혈과 육을 상대하는 것이 아니요 통치자들과 권세들과 이 어둠의 세상 주관자들과 하늘에 있는 악의 영들을 상대함이라"고 한다. 우리는 찬양으로 영적 원수들을 무찌르는 것이지, 다른 사람들을 정복하는 것이 아니다. 우리가 찬양으로 목소리를 높일 때 영적 힘들이 무장 해제된다. 그리고 악한 영의 세력의 영향을 받아 활동하던 사람들조차 무장 해제되고 힘을 잃을 것이다.

이와 같이 하나님의 귀한 말씀 속에서 우리가 주님을 찬양할 때 무슨 일이 일어나는지 알 수 있다. 하나님은 찬양 중에 거하시고, 찬양은 보좌 앞에 나아갈 문을 열어 주고, 우리의 옷을 바꿔 주고, 우리를 해방하고, 보호하며 보존하고, 전쟁 무기가 된다. 찬양하면 하나님의 능력이 나타나서 우리를 위해 싸우신다. 찬양할 때 우리에게 없던 것이 생기고 승리하게 된다.

Chapter 5

# 찬양이 예배로 바뀔 때

먼저 찬양에 들어가야 예배할 수 있다. 시편 100편 4절에서 "감사함으로 그의 문에 들어가며 찬송함으로 그의 궁정에 들어가서"라고 한다. 궁정에 들어갔을 때 찬양이 폭발하고 이어서 복도에 들어가면 감사와 찬양이 예배로 이어진다.

시편 48편 1절에서도 어떻게 들어갈 수 있는지 알려 준다. "여호와는 위대하시니… 극진히 찬양 받으시리로다." 여기에 매우 중요한 교훈이 있다. 하나님은 대강 드리는 찬양을 받지 않으신다. 이 구절은 '하나님이 얼마나 위대하신데 대충 찬양하느냐? 하나님은 그런 건 받지 않으신다'라는 것이다. 어떻게 들어가는지 이 구절에서 말해 준다. 전심으로 찬양하고 감사해야지 대충하면 안 된다. 하나님은 우리를 대충 구원하지 않으셨다. 우리를 대충 구속하지 않으셨다. 그러므로 우리도 하나님을 대충 찬양하면 안 된다. 시편 95편 3-5절을 다시 보면, 왜 전심으로 하나님을 찬양해야 하는지 알 수 있다.

> 여호와는 크신 하나님이시요 모든 신들보다 크신 왕이시기 때문이로다 땅의 깊은 곳이 그의 손 안에 있으며 산들의 높은 곳도 그의 것이로다 바다도 그의 것이라 그가 만드셨고 육지도 그의 손이 지으셨도다

나는 시내산에 오른 적이 있다. 밤에 올라갔는데 그 경험은 결코 잊을 수 없다. 하늘이 맑아서 은하수가 뚜렷이 보였다. 그 광경을 본 우리는 어느새 기쁨이 넘쳐 찬양했다. 우리 안의 모든 것이 터져 나왔고 우리는 목청껏 찬양하면서 기쁨의 눈물을 흘렸다. 우리는 은하수를 보면서 하나님의 위대하심을 깨달았다. 이사야서 40장 12절에서 하나님이 뼘으로 하늘을 재셨다고 한다. 하나님이 은하수의 별들을 창조하셨다. 성경은 하나님이 별들을 다 세시고 각각 이름까지 지어 주신다고 선언한다. 오, 얼마나 능력이 크신 하나님을 우리가 섬기는가!

자연이 우리에게 하나님의 위대함을 계시하지만, 오직 성령께서만 우리에게 하나님의 거룩함을 계시하실 수 있다. 하나님의 거룩하심을 볼 때, 하나님을 향한 우리의 태도와 하나님과 소통하는 방식이 완전히 바뀔 것이다. 엎드려 예배하게 될 것이다. 이 깊은 예배가 당신의 삶을 변화시킬 것이다.

찬양에서 예배로 나아가야 하는 중요한 이유가 있다. 찬양은 육

신을 십자가에 못박고, 예배는 우리에게 새 옷을 입혀 준다. 찬양으로 육신의 영향력을 무너뜨리면 하나님께 순복하게 된다. 예배의 옷을 입으면 하나님의 임재가 새롭게 임한다.

이같은 과정이다. 첫 번째, 찬양으로 육신의 약점을 멸한다. 두 번째, 예배의 옷을 입는다. 찬양에 더 깊은 차원의 예배가 더해지면 하나님의 임재를 더 가까이 접하게 된다.

성경에서 다윗이 예배하라고 부를 때 찬양에서 예배로 전환이 이뤄지는 것을 볼 수 있다.

> 오라 우리가 굽혀 경배하며 우리를 지으신 여호와 앞에 무릎을 꿇자 그는 우리의 하나님이시요 우리는 그가 기르시는 백성이며 그의 손이 돌보시는 양이기 때문이라 너희가 오늘 그의 음성을 듣거든 (시편 95:6-7)

이 구절에서 예배의 핵심에 도달할 때 우리의 경험이 어떻게 달라지는지 볼 수 있다. 처음에는 6절처럼 조용해진다. '오라 우리가 굽혀 경배하며 우리를 지으신 여호와 앞에 무릎을 꿇자.' 몸을 굽힐 때는 소리를 지르거나 외치지 않는다. 평화롭게 하나님을 경외하며 예배하면서 자신을 낮추어 하나님의 위대함 앞에 순복한다.

그다음 7절에서 '너희가 오늘 그의 음성을 듣거든'이라고 한다. 즉 당신의 음성이 조용해서 하나님의 음성을 들을 수 있다. 예배할 때는 조용하다. 조용해야 하는 두 가지 이유가 7절에 있다. 첫째, 그분은 우리의 하나님이시다. 둘째, 우리는 그분이 기르시는 백성이다. 즉 그분이 우리를 돌보신다.

그분은 우리 하나님이시다. 하나님만이 예배받기에 합당하시다. 사람을 칭찬하는 건 괜찮지만 예배하면 안 된다. 하나님만 예배할 수 있다. 무엇을 예배하든 그것이 당신을 지배할 것이다.

많은 사람이 사람을 예배하고 숭배하다가 그에게 매이고 만다. 어떤 사람을 너무 높게 여겨서 그 사람에게 지배된다. 사람을 떠받들면 곧 모든 것이 무너진다.

만일 우리가 주님을 예배하지 않으면 주님이 정말로 우리 하나님이신가? 정말로 우리 주님이신가? 주 예수님이 마태복음 7장에서 하신 말씀을 기억하라. 의역하면 이와 같다. '너희는 나를 주라고 부르지만, 그렇게 살지 않는다.' 어쩌다 이렇게 되었을까? 주님을 예배하지 않기 때문이다. 예배가 핵심이다.

우리가 예배하는 것은 주님의 사랑과 돌보심에 화답하는 것이다. 시편 95편 7절이다. "우리는 그가 기르시는 백성이며 그의 손이 돌보시는 양이기 때문이라." 하나님께서 우리를 돌보시고, 우리는 그 돌보심에 응답하여 예배한다.

놀랍게도 여기서 끝나지 않고 8-11절에서 경고한다.

너희는 므리바에서와 같이 또 광야의 맛사에서 지냈던 날과 같이 너희 마음을 완악하게 하지 말지어다 그 때에 너희 조상들이 내가 행한 일을 보고서도 나를 시험하고 조사하였도다 내가 사십 년 동안 그 세대로 말미암아 근심하여 이르기를 그들은 마음이 미혹된 백성이라 내 길을 알지 못한

다 하였도다 그러므로 내가 노하여 맹세하기를 그들은 내 안식에 들어오지 못하리라 하였도다

예배하면 믿게 되고 믿으면 안식하게 된다. 그런데 하나님의 안식은 무엇인가? 안식은 더는 안달복달하며 애쓰지 않는 것이다. 하나님의 안식을 얻으려고 일할 필요가 없다. 그냥 받아들이면 된다. 하나님이 다 하셨으니 그냥 들어가 안식하면 된다. 그리스도인의 삶은 '해라, 해라, 해라'가 아니다. 주 예수님이 십자가에서 '~해라'라고 하지 않으셨다. "다 이루었다"라고 하셨다.

이제 우리는 결정해야 한다. 예배할 것인가, 말 것인가? 우리가 예배할 때 하나님의 음성을 듣는다. 하나님의 음성을 들으면 순종하고 하나님의 안식에 들어간다. 그러므로 예배는 우리를 안식에 들어가게 한다. 예레미야도 그렇게 말한다.

오직 내가 이것을 그들에게 명령하여 이르기를 너희는 내 목소리를 들으라 그리하면 나는 너희 하나님이 되겠고 너희는 내 백성이 되리라 너희는 내가 명령한 모든 길로 걸어가라 그리하면 복을 받으리라 하였으나

(예레미야 7:23)

예배를 잘하면 축복과 안식을 받는다. 기도하고 금식하고, 빌고 호소하고, 바닥을 치면서 하나님이 듣지 않으신다고 하지 마라. 당신이 그렇게 애쓰지 않아도 저절로 이뤄진다. 다시 말하지만 예배하면

순종하게 된다. 찬양하면 순종하게 되지 않는다. 예배해야 한다. 찬양에서 예배로 들어가는 순간 하나님의 음성을 듣는다. 그 음성에 순종하면 안식이 있다.

예배만큼 하나님의 손을 움직이는 건 없다.

1970년대에 나는 깊은 밤에 침대에 누워 하나님을 예배하곤 했다. 참 은혜로운 시간이었다. 그때 오랜 시간 하나님을 예배했기 때문에 하나님이 나를 찾아오기 시작하셨다. 나는 빌 게이더Bill Gaither의 〈알렐루야〉 앨범을 반복해서 틀어놓고 침대에 누워 양손을 들고 예배했고 눈물이 베개를 적셨다. 불을 끄고 그 예배 곡들을 틀어놓았다. 나는 예수님과 얘기하며 예수님을 사랑했다. 이 친밀함 덕분에 내 사역이 시작되었다고 믿는다. 그리고 다시 그 정도의 친밀함에 이를 때마다 내 집회에 기름 부음이 새롭게 되살아났다.

예배는 생명이다. 예배하지 않는 사람들은 무미건조하고 죽어 있다. 그들이 사역하려고 해도 기름 부음이 없다. 아무 능력도 없어서 그만하고 싶어진다. 그러나 진정한 예배자들이 사역하면 역동적인 힘으로 충만해진다. 하나님의 임재가 뚜렷하다. 그래서 모든 사람이 그 예배자들이 말하고 행동하는 것에 집중한다. 하나님이 그들과 함께하시기 때문이다. 찬양이 예배로 바뀔 때 모든 것이 변화된다. 공기가 달라지고 삶이 변화된다. 예배의 분위기 속에서 하나님의 임재를 가장 잘 느낄 수 있다.

Chapter 6

# 주님을 위한 사역이 아니라 주님께 하는 사역

앞의 두 장은 주님께 하는 사역이다. 주님을 예배하고 사랑하며 시간을 보내는 것은 주님께 하는 사역이다. 주님을 위한 사역이 아니다. 주님께 하는 사역은 주님을 위한 사역의 기반이 된다. 확실한 사실이다. 명심하기 바란다. '주님께 하는 사역은 주님을 위한 사역의 기반이다.' 신명기 10장 8절에서 하나님께서 레위 지파를 구별해 세우셨다.

> 그 때에 여호와께서 레위 지파를 구별하여 여호와의 언약 궤를 메게 하며 여호와 앞에 서서 그를 섬기며 또 여호와의 이름으로 축복하게 하셨으니 그 일은 오늘까지 이르느니라

하나님께서 레위 지파를 구별해 세우셔서 단 한 가지를 하게 하셨다. 바로 주님께 사역하는 것이다. 그들은 주님 앞에 서서 사역해야 했다.

하나님을 위해 사역하기 전에 하나님께 사역하는 것이 먼저다. 먼저 하나님께 사역하지 않으면 사람들에게 사역할 수 없다. 왜냐하면 가진 것이 있어야 남에게 줄 수 있기 때문이다. 먼저 당신이 하나님의 임재 안에 있으면 다른 사람들도 데리고 들어갈 수 있다. 당신이 하나님의 임재 안에 있을 줄 알면, 어떻게 임재에 들어가는지도 알고 다른 사람들도 데리고 들어갈 수 있다. 당신이 예배할 때 하나님이 나타나신다.

많은 교회의 찬양 인도자가 노래는 잘하지만, 주님과 함께 보내는 시간을 충분히 갖지 않는다. 임재 안에 보내는 시간이 적으면 회중을 임재 안으로 데리고 들어갈 수 없다. 우리 교회와 사역에서 하나님의 임재를 더 깊이 경험하기 원하면, 우리의 우선순위가 올바른지 살펴보고 주님과 개인적으로 교제하며 주님께 사역하는 것의 중요성을 깨닫고 주님을 위한 사역이 역동적으로 이뤄지게 해야 한다. 찬양 인도자와 사역자에게 매일 주 예수님과 개인적으로 동행하는 것이 중요하다고 권면해야 한다. 반드시 지도자들은 이런 면에서 모범이 되어야 하고 개인적 예배 시간을 매일 가져야 한다.

나는 집회를 하면 오후 2시부터 집회 전까지 혼자 예배한다. 나는 몇 시간 동안 주님께 집중한다. 그러고 나서 단상으로 걸어 나가면 주님께서 나와 함께 걸어 나가신다. 주님께서 이미 오후 2시부터 나와 함께 계셨기 때문이다. 물론 당신의 소명은 나와 다를 수 있지만, 그렇더라도 주님과의 시간을 충분히 가져야 한다. 튼튼하고 활기 있는 영적 생활을 위해 꼭 필요한 시간이기 때문이다.

사무엘상 3장 1절에서 이스라엘은 영적으로 무미건조한 기근의 때를 지나고 있었기에 하나님의 음성이 들리지 않았다. "아이 사무엘이 엘리 앞에서 여호와를 섬길(여호와께 사역할) 때에는 여호와의 말씀이 희귀하여 이상이 흔히 보이지 않았더라." 지금 미국과 세계의 상황이 그렇다.

사무엘은 어릴 때부터 주님께 사역했다. 그러자 이스라엘에 예언이 다시 임했다. 처음에 사무엘이 잠자리에 누웠을 때 주님께서 이름을 부르셨다. 사무엘은 첫 번째, 두 번째, 세 번째까지 주님의 음성인 줄 모르다가 네 번째에 주님이 말씀하신다는 것을 깨달았다. 그런데 왜 하나님이 사무엘에게 말씀하셨을까? 사무엘이 주님께 사역했기 때문이다. 시편 95편의 내용과 같다. 당신이 예배하기 시작하면 하나님이 당신에게 말씀하실 것이다. 아주 간단하다. 하나님의 음성을 한 번도 들은 적이 없는 소년에게도 하나님이 말씀하셨다.

어린 소년이 하나님께 사역하여 분위기 전체를 바꾸었기 때문에 이스라엘에 부흥이 임했다. 하나님의 자녀들이 하나님께 사역하기 시작하면 캐나다, 미국, 케냐, 중국에 무슨 일이 일어나겠는가? 우리의 나라들 위에 부흥이 부어질 것이다. 하나님이 사무엘의 기도를 들으셨다면 당신의 기도도 들으실 것이다. 하나님이 이스라엘에 부흥을 부어 주셨다면 당신의 나라에도 부어 주실 것이다. 당신이 주님께 사역하여 간청하기보다 더 오래 예배하고, 금식하기보다 더 오래 예배하고, 기도하기보다 더 오래 예배한다면 무슨 일이 일어날지 생각해 보라.

사무엘상 3장에서 하나님이 어린 소년 때문에 이스라엘에 임하셨다. 또 역대하 5장 13절에서 솔로몬이 성전을 완공했다. 완공 때 하나님이 나타나지 않으셨다. 모든 동물로 제사 드렸을 때도 나타나지 않으셨다. 이스라엘 온 백성이 한목소리로 주님을 예배했을 때 나타나셨다. 하나님의 영광이 임했다. 역대하 7장 1-3절에서 이스라엘이 주님께 사역했기 때문에 불이 이스라엘 위에 임했다.

사도행전 13장에서 바울 사도가 하나님께 사역할 때 하나님이 부르셨다. 2절을 보자. "주를 섬겨 금식할 때에 성령이 이르시되 내가 불러 시키는 일을 위하여 바나바와 사울을 따로 세우라 하시니." 하나님은 다메섹으로 가는 길에서 바울을 부르지 않으셨다. 바울이 아라비아에 갔을 때도 부르지 않으셨다. 바울은 14년 동안 아라비아에 갔다가 예루살렘에 가서 자신이 듣고 본 것이 맞는지 확인했다. 그리고 고향으로 돌아가 장막 만드는 가업을 맡아 일했다.

바나바가 그런 바울을 찾아 지금의 시리아인 안디옥으로 데려왔다. 바울이 안디옥에서 주님께 사역할 때 주님께서 말씀하셨다. "이제 내가 바울을 원한다." 그때 그들은 주님께 사역하고 있었다. 언제든지 예배가 드려질 때 하나님이 역사하셔서 바울처럼 사람들을 사역으로 부르신다.

하나님이 당신을 사역에 불러주시기 원하는가? 하나님이 당신을 들어 쓰시기 바라는가? 오늘 하나님께 사역하기 시작하라. 이것을 최우선순위로 삼아라. 주님께 사역하는 생활은 주님을 위한 사역의 기반과 토대가 될 것이다.

다니엘서 7장에서 천사들이 주님께 사역하자 악인들에게 심판이 임했다. 예배가 드려지면 적그리스도가 심판을 받는다.

> 내가 보니 왕좌가 놓이고 옛적부터 항상 계신 이가 좌정하셨는데 그의 옷은 희기가 눈 같고 그의 머리털은 깨끗한 양의 털 같고 그의 보좌는 불꽃이요 그의 바퀴는 타오르는 불이며 불이 강처럼 흘러 그의 앞에서 나오며 그를 섬기는 자는 천천이요 그 앞에서 모셔 선 자는 만만이며 심판을 베푸는데 책들이 펴 놓였더라 그 때에 내가 작은 뿔이 말하는 큰 목소리로 말미암아 주목하여 보는 사이에 짐승이 죽임을 당하고 그의 시체가 상한 바 되어 타오르는 불에 던져졌으며 (다니엘 7:9-11)

영광스러운 예배의 결과로 하나님이 적그리스도를 멸하신다. 그럴 때 하나님의 손이 움직여 하나님의 원수들을 대적하신다. 당신이 예배자이면 당신의 원수들과 직접 싸울 필요가 없다. 하나님이 당신을 위해 원수를 처리해 주실 것이다. 하나님의 군대가 당신 대신 싸우기 위해 파송될 것이다. 예배자들은 보호된다. 하나님이 당신을 위해 싸우실 것이다.

## 하나님이 우리를 기뻐하신다

우리는 왜 하나님으로부터 큰 능력을 받게 되었을까? 바로 하나님의 백성이기 때문이다. 우리는 하나님의 자녀다. 신명기 32장 9절이다. "여호와의 분깃은 자기 백성이라." 신명기 7장 7절에서 하나님께서 우리를 기뻐하신다고 한다. 하나님은 천사들을 기뻐하지 않으신다. 우리를 기뻐하신다. 그리고 요한일서 4장 19절에서 우리가 하나님을 사랑하기 전에 하나님이 우리를 먼저 사랑하셨다고 분명히 밝힌다.

우리가 사랑함은 그가 먼저 우리를 사랑하셨음이라

우리는 예수 그리스도의 교회다. 우리는 하나님의 자녀다. 하나님은 우리를 무조건 영원히 사랑하신다. 우리는 하나님의 사랑받는 자녀이므로 하나님께 지대한 영향을 미친다. 그런데 우리는 기도할 때 우리의 문제, 필요, 원수, 영적 전쟁에 집중하는 시간을 너무 많이 갖는다. 우리의 삶을 변화시키고 우리의 모든 상황을 선으로 이루실 수 있는 분께 사랑, 헌신, 예배를 표현하는 데 이 소중한 시간을 쓰는 게 더 나을 것이다.

내 이름으로 불려지는 모든 자 곧 내가 내 영광을 위하여 창조한 자를 오게 하라 그를 내가 지었고 그를 내가 만들었느니라

이 백성은 내가 나를 위하여 지었나니 나를 찬송하게 하려 함이니라

(이사야 43:7, 21)

왜 하나님은 당신을 창조하셨을까? 주님을 예배하기 위해서다. 이것이 우리가 창조된 목적이다. 하나님이 우리를 부르신 모든 일은 단 하나의 목적으로 귀결된다. 우리는 하나님을 예배하도록 창조되었다. 이는 매우, 매우 강력한 사실이다.

에베소서에서 이같이 기록한다. 우리 자신을 하나님께 드리면 하나님 자신을 우리에게 주신다.

내가 기도할 때에 기억하며 너희로 말미암아 감사하기를 그치지 아니하고 우리 주 예수 그리스도의 하나님, 영광의 아버지께서 지혜와 계시의 영을 너희에게 주사 하나님을 알게 하시고 너희 마음의 눈을 밝히사 그의 부르심의 소망이 무엇이며 성도 안에서 그 기업의 영광의 풍성함이 무엇이며

(에베소서 1:16-18)

하나님은 그분의 풍성함을 당신에게 부어 주고 싶어하신다. 하나님이 당신을 구원하시는 목적은 하나님을 알게 하려는 것이다. 하나님의 부르심의 소망은 성도 안에서 그 기업의 영광의 풍성함이다. 이것을 생각해 보라. 당신 안에 기업이 있다. 하나님께 당신 자신을 드릴 때 하나님께서는 당신에게 하나님 자신을 주신다.

모세가 하나님께 무언인가 인정할 때 단지 고개만 까닥한 것이 아

니라 땅에 엎드려 예배했다.

> 모세가 급히 땅에 엎드려 경배하며 (출애굽기 34:8)

예배하는 한 사람이 나라를 구했다. 그러므로 우리가 하나님을 예배할 때 풀어지는 능력을 절대로 과소평가하지 마라.

마태복음 15장 21-28절에 나오는 귀신 들린 아이의 어머니를 기억하는가? 어머니가 주님께 갔지만, 주님은 무시하셨다. 그래서 제자들이 그 어머니를 물리치려 하자 어머니는 다시 예수님께 갔다. 예수님이 그 어머니를 이방인이고 언약 밖의 사람이라고 하자 엎드려 예수님을 예배했다. 그럼으로써 막고 있던 모든 장애물을 돌파했다.

그 당시에는 이스라엘만 하나님께 뭔가 받을 특권이 있다고 여겼다. 그래서 그 어머니는 예수님께 뭘 받길 기대할 권리가 없었지만, 멈추지 않았다.

> 예수께서 거기서 나가사 두로와 시돈 지방으로 들어가시니 가나안 여자 하나가 그 지경에서 나와서 소리 질러 이르되 주 다윗의 자손이여 나를 불쌍히 여기소서 내 딸이 흉악하게 귀신 들렸나이다 하되 예수는 한 말씀도 대답하지 아니하시니 제자들이 와서 청하여 말하되 그 여자가 우리 뒤에서 소리를 지르오니 그를 보내소서 예수께서 대답하여 이르시되 나는 이스라엘 집의 잃어버린 양 외에는 다른 데로 보내심을 받지 아니하였노라 하시니 여자가 와서 예수께 절하며 이르되 주여 저를 도우소서 (마태복음 15:21-25)

그녀가 예배하자 모든 것이 바뀌었다. 예배하기 전에는 예수님이 그녀의 존재 자체를 무시하셨지만, 예배하자 주님이 처음으로 그녀에게 응대하셨고, 원하는 답을 주지 않으셨지만, 계속 예배하자 마침내 돌파가 일어났다.

> 이에 예수께서 대답하여 이르시되 여자여 네 믿음이 크도다 네 소원대로 되리라 하시니 그 때로부터 그의 딸이 나으니라 (마태복음 15:28)

예수님이 '네 믿음이 크도다 네 소원대로 되리라'고 말씀하셨다. 그렇게 그녀는 장애물을 예배로 물리쳤고, 그녀의 딸은 나음을 입었다.
사도행전 16장의 바울과 실라도 보자.

> 한밤중에 바울과 실라가 기도하고 하나님을 찬송하매 죄수들이 듣더라 이에 갑자기 큰 지진이 나서 옥터가 움직이고 문이 곧 다 열리며 모든 사람의 매인 것이 다 벗어진지라 (사도행전 16:25-26)

그들이 예배하기 시작했을 때 감옥 문들이 열렸고 쇠사슬이 풀어졌다. 하나님은 여전히 그때처럼 역사하신다.

이것이 능력의 열쇠다. 어디서든 주님을 예배할 때 하나님이 오셔서 당신의 삶을 변화시키실 것이다. 예배하면 지치지 않는다. 다른 것을 하면 지칠 수 있지만, 예배하면 지치지 않는다.

빌리 그레이엄이 죽기 전에 "당신의 지난 삶에서 바꾸고 싶은 것이 무엇입니까?"라는 질문을 받았다. 이 질문에 그는 이렇게 대답했다. "집에 더 있으면서 예수님께 사랑한다고 고백하는 시간을 더 갖고 싶습니다."

나는 한 가지를 위해 산다. 주 예수님께 모든 영광을 드리고 싶다. 그래서 예수님의 귀한 이름을 높이고 내 전부로 예수님을 사랑하고 예수님을 기쁘시게 하고 싶다. 내 삶을 되돌아볼 때 그렇게 했노라고 말할 수 있기 원한다. 아주 간단하다.

오늘 이 책을 읽고 잠이 안 온다면 찬양을 틀어놓고 누워서 주님과 대화하라. 주님을 위해 시간을 내면 주님이 당신을 만나주실 것이다. 그리고 아침에 일어날 때 상쾌하고 힘이 넘칠 것이다. 왜냐하면 주님께서 당신을 찾아오셨기 때문이다.

Chapter 7

# 기름 부음을 흡수하는 비밀

캐더린 쿨만은 펜실베이니아주 피츠버그에서 마지막 집회를 힘들게 열었다. 내가 그곳에 있었기 때문에 잘 안다.

나는 전부터 그녀의 집회에 많이 참석했고 그날도 참석했다. 집회후 사역 팀 담당자와 2주 후에 캐더린 쿨만과 만나기로 약속을 잡았다. 그러나 슬프게도 2주 후에 캐더린 쿨만이 임종을 앞두고 있어서 약속을 지킬 수 없었다. 나는 이제 캐더린 쿨만을 만날 기회가 없다는 사실에 크게 실망했다.

그런데 그로부터 일 년 후에 깜짝 놀랄 일이 생겼다. 캐더린 쿨만 재단을 운영하는 매기 하트너Maggie Hartner가 피츠버그에서 열리는 캐더린 쿨만 추모 예배 사회를 맡아달라고 했기 때문이다. 그 무렵 나는 부흥사로 설교를 시작했지만, 스물네 살에 불과했고 캐더린 쿨만을 개인적으로 만난 적이 없었다. 그런 내가 어떻게 추모 예배 사회를 볼 수 있겠는가? 나는 너무 부담스러워서 왜 나를 선택했냐고 물어보지도 못했다. 다만 '왜 나일까? 왜 그녀를 더 잘 아는 다른 사람을 선택하지 않았을까?'라고 생각만 했다. 나는 이해할 수 없었지만, 이 일을 큰 영광으로 받아들이고 최선을 다해 준비했다.

추모 예배 날이 왔다. 그날 오후, 나는 피츠버그 시내 칼튼 호텔 7층에 있는 재단의 아름다운 사무실에 갔다. 들어갔더니 존 F. 케네디의 사진과 아름다운 그림들이 벽에 걸려 있었다. 나는 매기 하트너를 만났고, 그녀는 캐더린 쿨만의 의자를 보여 주었다. 나는 캐더린 쿨만을 너무나 존경했기 때문에 그 의자 가까이 가지도 못했다. 마치 사탕 가게에 들어간 어린아이처럼 입이 딱 벌어져 감탄할 수밖에 없었다.

매기는 추모 예배 때 내가 설교할 거라고 하면서 이렇게 말했다. "베니, 하나님께 기름 부어 달라고 기도하지 말아요. 그랬다가는 자신에게 너무 몰두한 나머지 하나님이 당신을 사용하지 못하실 거예요." 매기는 대신 낮잠을 자라고 했다. 나는 그의 말을 믿을 수 없었다.

나는 매기의 말을 통해 기름 부음에 대해 많이 배웠다. 그러나 그 당시에는 '매기 하트너는 너무 영적이지 않아! 나는 낮잠 자지 않을 거야. 그의 말에 신경 쓰지 않을 거야!'라고 생각했다. 그래서 나는 한쪽으로 가서 간청했다. "오 하나님! 오 예수님!" 나는 너무 긴장해서 얼어붙었다.

이윽고 예배 시간이 되었다. 커튼 뒤에서 관중을 쳐다보니 더 무서워졌다. 피츠버그의 아름다운 건물인 카네기 뮤직홀에 많은 사람이 모여 있었다. 캐더린 쿨만과 함께 일했던 사람들이 다 와 있었고 성가대는 높은 성가대석에 앉아 있었다. 그런데 보잘것없는 나 베니 힌이 여기서 사역한다고? 아무도 베니 힌이 누구인지 몰랐다. 심지어 아무도 내가 어떻게 생겼는지도 몰랐다.

시간이 되었다. 캐더린 쿨만의 솔로 싱어인 지미 맥도널드Jimmie McDonald가 추모 예배를 시작하면서 캐더린 쿨만이 촬영을 허락한 유일한 사역 영상을 틀었다. 라스베이거스의 큰 스타디움에서 열린 마지막 집회의 영상이었다.

원래는 지미 맥도널드가 영상 상영 전에 나를 소개하고 90분 동안 영상을 본 후에 그가 '그 이름에 뭔가 있네'를 부르면, 그때 내가 무대로 나가서 이끌 계획이었다.

영상이 상영되었고, 나는 커튼 뒤에서 기다렸다.

영상이 끝나고 그가 노래했다. 나는 여전히 커튼 뒤에 있었다.

그가 두 번 노래했고, 나는 여전히 커튼 뒤에 있었다.

이어서 지미 맥도널드가 청중에게 말했다. "이제 우리가 마지막으로 찬양할 때 베니 힌이 나올 것입니다." 그리고 다시 노래했다. 찬양이 끝났을 때 나는 여전히 커튼 뒤에 있었다.

얼어붙어 있는 나를 안내 위원이 와서 억지로 강단 위로 데려갔다. 나는 그렇게 캐더린 쿨만 집회의 청중 앞에 소개되었다.

악단이 계속 부드럽게 연주하다가 다른 곡을 연주하기 시작했다. 너무 두려운 나머지 뇌가 정지해 버렸고 나는 그 찬양을 반복해서 부르기만 했다. 그러다 악단이 음조가 다른 찬양을 연주하기 시작했고 그 음조에 맞춰 부르니까 음이 너무 높아져서 목소리가 엉망이었다. 악단은 어떻게 반주해야 할지 몰라서 연주를 멈췄고 나 혼자 아카펠라로 부르게 되었다.

나는 그 찬양을 중간쯤 부르다가 멈췄다. 음정이 너무 높아서 더는 부를 수 없었다. 청중이 응시하는 가운데 나는 집으로 도망가고 싶었다. 그러다 절대 잊지 못할 일이 일어났다.

모두 서서 나를 바라보고 있었다. 총체적 난국에 빠진 나는 손을 번쩍 들고 부르짖었다. "예수님, 예수님! 저는 할 수 없어요! 저는 할 수 없어요!"

주님께서 말씀하셨다. "좋아! 내가 할게!"

그리고 다시 시작하자, 주님께서 주관하셔서 하나님의 능력이 강력히 임했다. 사람들이 치유되기 시작했다. 캐더린 쿨만 사역에서 봉사하던 여성들이 자리에서 일어나 통로로 뛰어나와 봉사했다. 사람들이 휠체어에서 일어났고 기적을 행하시는 하나님의 능력이 임했다. 나는 물론이고 캐더린 쿨만 사역의 진행요원들도 깜짝 놀랐다. 매기가 내게 말했다. "젊은이, 당신에게는 그게 있어요." 나는 무슨 말인지 몰랐다. 이어서 말했다. "매월 집회를 합시다." 그래서 나는 매월 군인 선원 기념 대강당에서 캐더린 쿨만 재단 주최로 집회를 하게 되었다. 그러다 그 재단과 함께 미국과 캐나다 각지로 다니며 사역하게 되었다. 이 집회는 4년 동안 이어졌고 그사이 주님께서 내게 주신 사역은 소문이 났다.

모든 것은 "나는 할 수 없어요!"라고 말했을 때 시작되었다. 수많은 그리스도인과 사역 지도자의 문제는 자신이 할 수 있다고 생각하는 것이다. 당신에게 들려줄 좋은 소식이 있다. 당신은 할 수 없다. 오직 하나님만 하실 수 있다. 당신은 항복해야 한다. 당신이 해결하려 들지 마라.

추모 예배 후에 매기가 말했다. "캐더린이 항상 말했어요. '너의 기도가 아니야. 너의 능력이 아니야. 중요한 건 네가 항복하는 거야.' 그러니 어떻게 항복하는지 배워요, 베니." 이 말이 강력한 기름 부음 아래 사역하는 열쇠였다. 그래서 나는 사역이 끝난 후 호텔로 돌아가 어떻게 항복하는지 가르쳐 달라고 기도했다.

## 항복하면 기름 부음을 흡수해 풀어놓게 된다

내가 이 이야기를 한 이유가 있다. 항복은 능력 기름 부음 아래 사역하는 열쇠다. 구원받아서 주님과 하나가 되면, 거하는 기름 부음이 즉시 당신 안에 임한다. 이 기름 부음은 갈급함, 믿음, 주님을 향한 사랑을 일으킨다. 그리고 말씀, 교제, 예배에 불을 붙인다. 그래서 하나님이 당신을 변화시키기 시작하시면, 둘째로 사역을 위한 능력 기름 부음이 당신 위에 임한다. 거하는 기름 부음도 동시에 역사해서 사역을 위한 능력 기름 부음을 더 뚜렷하게 한다. 당신이 뭘 해서 능력 기름 부음이 임하게 할 수 없다. 다만 능력 기름 부음이 임하면 당신은 드러내야 한다. 즉 기름 부음을 흡수해 풀어놓아야 한다.

기름 부음을 흡수해 풀어놓는 것이 신명기 32장 13절에 있다. 이 요점은 매우 중요하므로 집중하기 바란다. 항복하면 기름 부음을 흡수해 풀어놓게 된다. 즉 주님의 임재에 항복할 때 기름 부음을 흡수해 풀어놓게 된다. 이것만 배우면 하나님의 능력이 없는 사람은 아무도 없을 것이다.

항복은 기름 부음을 흡수해 풀어놓는다.

내가 캐더린 쿨만의 추모 예배에서 항복했을 때 하나님의 능력이 임했다. 내가 항복한 순간에 주 예수님이 오셔서 사람들을 만지셨다. 나는 그날 밤 호텔방에서 항복하는 법을 가르쳐 달라고 기도했고 이 교훈을 배웠다. 그래서 나는 지금까지 모든 집회에서 예배한다. 하나님이 치유하시고 기적을 행하심을 믿도록 사람들을 이끌 때마다 우리는 주님을 예배한다. 우리가 하나님을 예배할 때 주 예수님이 매우 생생해지는 순간이 임한다. 예수님이 내게 생생해질 때 나는 항복한다. 내가 항복하는 순간 능력이 임한다. 그 느낌은 마치 담요로 나를 덮는 것 같다.

나는 다가오는 마지막 때에 하나님이 당신을 쓰시기 원한다고 믿는다. 그러려면 하나님의 영광과 임재로부터 기름 부음을 흡수해 풀어놓을 줄 알아야 한다. 열쇠는 예수님이 생생해지는 순간에 항복하는 것이다. 왜 그럴까? 모르는 분에게 항복할 수 없기 때문이다. 생생하지 않은 분에게 항복할 수 없다. 공기에 항복하는 것이 아니다. 어떤 분에게 항복하는 것이다. 그래서 예수님이 당신에게 만져질 듯 생생할 때 항복할 수 있는 것이다.

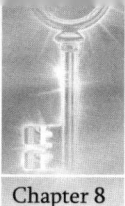

Chapter 8

# 높은 곳의 비밀

높은 곳은 우리가 주님을 대면해 만나는 곳이다. 이것을 이해하기 위해 야곱에 대한 다음 성경 구절을 읽어 보자.

> 여호와께서 그가 땅의 높은 곳을 타고 다니게 하시며 밭의 소산을 먹게 하시며 반석에서 꿀을, 굳은 반석에서 기름을 빨게 하시며 (신명기 32:13)

'땅의 높은 곳'은 능력 기름 부음과 하나님의 말씀이 자유롭게 흐르는 곳들이다. 강렬한 예배가 이뤄지는 곳들이다. 이사야서에서 독수리가 날개 치며 올라가는 곳은 바로 높은 곳들을 의미한다. 이사야서에서 "오직 여호와를 앙망하는 자는 새 힘을 얻으리니 독수리가 날개치며 올라감 같을 것이요"(사 40:31)라고 한다. 그들이 내려갈 것이라고 하지 않고 올라갈 것이라고 한다. 시편 91편에도 나온다. 지존자의 은밀한 곳은 높은 곳이다. 두 가지가 같다. 그러므로 땅의 높은 곳들은 악한 영들이 활동하지 못하는 곳이다.

신명기 32장 13절을 다시 보자. '여호와께서 그가 땅의 높은 곳을 타고 다니게 하시며'라고 했는데, 예배를 통해 높은 곳에 이를 수 있다. '밭의 소산을 먹게 하시며'라고 했는데, 말씀이 당신 안에 살아나서 예배와 변화를 더욱 일으킨다는 말이다.

그리고 이 구절에서 '반석에서 꿀을… 빨게[또는 흡수하게] 하시며'라고 했는데 반석은 주님이시다. 즉 당신이 순복하면 할수록 말씀을 당신 안에 더욱 부어 주시고 기름을 당신 위에 더욱 부어 주신다.

순서를 보라. 꿀 때문에 기름이 흐른다. 꿀이 먼저고 그다음에 기름이다. 밭의 소산이 먼저고 그다음에 기름 부음이다. 말씀을 받으면 예배에 불이 붙고 이어서 변화에 불이 붙는다. 그러면 사역을 위한 능력 기름 부음이 당신 위에 임하고, 주님께 순복하여 그 기름 부음을 흡수할 수 있다.

사역을 위한 능력 기름 부음을 받으려면 영의 높은 곳들을 경험해야 한다. 하나님이 능력 기름 부음을 주시지만, 우리가 받으려면 어떻게 흡수해야 하는지 알아야 한다. 높은 곳들은 하나님의 생생한 존재를 아는 곳이다. 말씀, 친교, 예배 가운데 깊이 들어갈 때 영으로 높은 곳에 올라간다. 당신이 이 개념을 확실히 알도록 다시 설명하겠다. 당신이 예배할 때 하나님의 말씀과 친교가 깊어지면 당신 영의 사람

(속사람)이 높은 곳으로 올라간다. 그 높은 곳에서 하나님의 임재가 생생하다. 그때 느끼는 것을 넘어서서 아는 것이다.

주 예수님의 임재가 생생할 때 영혼이 잠잠해진다고 7장에서도 말했다. 그래서 "너희는 가만히 있어 내가 하나님 됨을 알지어다"(시 46:10)라고 한다. 주님이 생생히 임재하실 때 모든 것이 고요해진다. 주님의 임재 안에서 눈물이 언어가 된다. 주님의 임재가 너무나 생생한 나머지 육신과 단절된다. 즉 주님의 임재가 생생하면 자신을 보지 않게 된다. 하나님의 임재가 당신의 존재를 압도해 버린다. 하나님의 임재가 당신의 존재를 압도할 때, 당신은 높은 곳에 있게 된다. 당신 자신을 잊을 때 기름 부음을 흡수하게 된다.

> 모세가 그 증거의 두 판을 모세의 손에 들고 시내 산에서 내려오니 그 산에서 내려올 때에 모세는 자기가 여호와와 말하였음으로 말미암아 얼굴 피부에 광채가 나나 깨닫지 못하였더라 (출애굽기 34:29)

신명기 32장 13절로 돌아가 보자. 밭, 꿀, 기름이 풍성하다. 즉 높은 곳은 영적으로 풍성한 곳이다. 당신이 예배할 때 그 아름다운 곳에는 예수님의 임재가 당신의 생명보다 더 생생하며 풍성한 축복이 있다. 그곳에는 모든 것이 풍성하다.

기억하라. 주님을 기다리는 것이 열쇠다. 기다리지 않으면 절대로 그곳에 이르지 못한다. 그러나 일단 이르면 놀라운 풍성함이 있다. 그곳에는 반석에서 꿀이 흘러나온다. 이는 말씀을 계시하는 진리를 나타낸다. 그때 하나님의 말씀을 계시해 주시고 하나님의 말씀에 순복하기 쉬워진다. 당신이 높은 곳에 있기 때문이다. 능력 기름 부음이 흐르기 때문에 애써 고생하며 사역하지 않아도 된다.

## 높은 곳에 이르는 세 가지 길

당신 혼자서도 높은 곳에 갈 수 있다. 나처럼 큰 집회를 인도하지 않아도 된다. 다른 누가 함께 있어야 하는 것도 아니다. 높은 곳에 가는 세 가지 길이 있다. 하나님의 말씀이 첫 번째 길이고, 하나님과의 교제(기도)가 두 번째 길이고, 예배가 세 번째 길이다.

순서가 중요할까? 나는 그렇다고 본다. 말씀은 기도로 하나님과 교제하는 연료가 된다. 말씀을 읽으면 하나님과의 교제가 촉진될 뿐 아니라 불이 붙는다. 내가 기도를 교제라고 부르는 것은 기도가 하나님과의 교제이기 때문이다. 그래서 당신을 높은 곳으로 이끌어 준다. 말씀이 하나님과의 교제에 불을 붙이고 에너지를 불어넣는다. 말씀 없이 하나님과 교제하면 능력이 없다.

하나님의 귀한 말씀으로 시간을 보내면 혼과 영에 생명을 주는 능력이 임한다. 하나님의 말씀은 살아 있어서 당장 하나님과 교제하게 한다. 주님과 놀라운 교제에 들어가게 된다. 하나님을 얼마나 사랑하고 하나님이 얼마나 영광스러운지 고백하게 된다.

주님의 마음과 연결되어 거기서 예배가 나온다. 예배가 시작되면 속도가 빨라진다. 낮은 곳에서 높은 곳으로 올라가게 되고 빨리 이루어진다. 그곳으로 올라가면 모든 것이 풍성하고 자유롭다.

그다음에 기름 부음이 계시된다. "베니 목사님, 왜 계시된다고 하세요?"라는 질문이 생기는가? 성경은 하나님의 능력이 감춰져 있다고 말한다.

> 그의 광명이 햇빛 같고 광선이 그의 손에서 나오니 그의 권능이 그 속에 감추어졌도다 (하박국 3:4)

하박국 3장 4절과 신명기 32장 13절은 같이 간다. 하나님의 감춰진 능력이 계시될 때, 그 기름 부음이 풀어지려고 할 때, 당신은 그것을 흡수해야 한다. 기름 부음을 어떻게 흡수하는가? 순복하면 된다.

나는 많은 청중 앞에서 사역하다가 높은 곳의 예배에 들어갈 때 '알렐루야'를 부른다. 그러면 청중이 하나님의 임재에 들어가게 된다. 내가 예배의 높은 곳에 들어가서 그 찬양을 부르면 하나님의 실체, 실상, 생생함이 임한다. 주님이 내게 생생해질 때 나는 순복한다.

당신이 나처럼 공적 사역을 하지 않더라도 개인적으로 하나님을 예배할 때 높은 곳에 들어갈 수 있다. 그곳에서는 순복하기가 매우 쉬워진다. 순복하기가 어렵지 않다. 애쓸 필요가 없다. 능력 기름 부음 안으로 쑥 들어가면 몸으로 하나님의 능력을 느낄 수 있다. 그러면 하나님의 능력이 당신을 통해 흘러서 하나님이 당신에게 부여하는 그 어떤 일도 성취할 수 있다.

Chapter 9

# 엘리야 흐름과
# 엘리사 흐름의 비밀

 순복하여 기름 부음을 흡수한 후에는 무슨 일이 일어날까? 이에 대답하려면 먼저 엘리야 흐름과 엘리사 흐름을 설명해야 한다. 간단히 말해 엘리야 흐름은 하나님의 말씀을 선포하는 것이고, 엘리사 흐름은 주님의 임재 안에서 예배하는 것이다.

 엘리사의 사역에서는 예배하면 주님의 성령이 그에게 나타났다. 엘리야의 사역에서는 말씀을 선포하면 하나님의 말씀이 그에게 나타났다. 엘리야가 말씀을 선포하면 사역 기름 부음의 흐름에 들어갔다. 엘리사는 예배할 때 그랬다.

 메시지를 전하거나 예배하여 예수님의 임재가 나타나는 순간에 순복해야 한다. 그럴 때 계속 설교하거나 계속 예배하면 그 순간을 잃어버리게 된다. 주님이 나타나시는 순간 그분이 이렇게 말씀하시는 것이다. "내가 내 백성에게 역사할 준비가 되었다. 이제 내가 역사하게 허락하라." 당신이 설교하거나 예배해서 주님이 그 현장에 임재하시는 것이 아니다. 이제는 하나님께 자리를 내드리고 순복하여 주님의 임재와 능력을 풀어놓아야 한다.

그럴 때 하나님께서 역사하시도록 자리를 내드리지 않고 순복하지 않으면, 그 순간의 능력을 잃어버리고 만다. 그리고 다시 되지 않을 수 있다. 바닥에서부터 다시 쌓기 위해 오래 예배해야 할 수도 있다. 당신에게 아무리 중요한 사람이라도 그 예배의 순간을 방해하지 못하게 하라.

주님의 임재가 나타나는 순간, 하나님께 맡기고 하나님이 역사하시도록 자리를 내드려야 한다. 가르치는 중이거나 설교하는 중이거나 성경 공부나 소그룹을 인도하는 중이거나 한 사람에게 사역하는 중일지라도 주님의 임재가 나타나는 순간 즉시 말을 멈추고 하나님께 순복하고 자리를 내드려야 한다.

당신이 메시지를 전하는 중이라고 해서 계속 전하면 오히려 사역 받는 사람들에게 피해를 주게 된다. 당신이 말씀을 전해서 주님이 임재하셨고, 아직 할 말이 있고 끝나지 않았을지라도 하나님이 "네 할 일은 끝났어. 이제 내 차례야"라고 하시면 즉시 순복해야 한다. 당신이 순복한 후에야 비로소 주님께서 역사하신다. 주님께서 운행하신다. 당신이 순복하면 하나님의 능력이 임한다.

하나님의 임재를 당신에게 보여 주실 때 순복해야 한다. 그리스도 예수께 순복해야 한다. 말씀을 통해서 또는 예배를 통해서 예수님이 생생히 나타나시면, 그때부터 예수님께 바통을 넘기고 맡겨야 한다. 어떤 때는 조용히 혼자 방언으로 기도해야 할 때도 있다.

또 중요한 점이 있다. 참석자들이 주님께 맡기고 순복해야 한다는 게 아니다. 사역자인 당신이 예배하거나 설교하고 가르치는 것이 중요하다. 중요한 건 그들의 예배가 아니다. 당신은 전달자이고 그들은 받는 입장이다. 하나님을 움직이는 것은 전달자인 당신의 예배다. 받는 입장인 그들의 예배가 아니다. 당신이 예배하면 그들은 당신의 예배에 동참할 뿐이다. 그들이 당신의 예배에 동참하면 주님께서 참석자들에게도 역사하신다.

어떤 사역자들이나 어떤 사람들은 자신이 하나님을 공적으로 예배할 자격이 없다고 생각할 수 있다. 그러나 예배할 때 중요한 것은 예배자의 가치가 아니다. 예배할 때 중요한 것은 예배받는 분의 가치다. 하나님은 우리 예배를 받으시기에 합당하시다.

회중 예배는 사역자의 순복과 연결되어 있다. 이것이 강단 사역에서 중요하다. 사역자가 순복하면 회중 예배에 주 예수님의 임재가 나타난다. 회중이 예배하면 예수님이 생생히 그들에게 임하신다. 그래서 주님께서 주님의 종을 생생히 만지실 것이고, 그다음에는 사역을 받는 사람들을 만지실 것이다.

혼자 하나님을 예배하든 공적으로 예배하든, 하나님께 감동을 드리는 찬양을 불러야 한다. 가령 나는 '알렐루야', '영광 영광 영광 어린

양', '예수 영광 중에 우리를 부르시고' 같은 곡들을 좋아한다. 이런 곡들은 주님을 체험하고 작곡해서 다시 주님을 체험하게 한다. 이 곡들만 기름 부음이 있다는 건 아니다. 다만 기름 부음이 없는 곡을 부르면 손해볼 것이다.

캐더린 쿨만도 사역할 때 부르는 찬양이 별로 많지 않았다. '주 하나님 지으신 모든 세계', '험한 세상 나그네 길', '내 영혼의 구세주'(캐더린 쿨만 작곡), '그 이름에 뭔가 있네' 그리고 늘 '알렐루야'였다. 이 찬양들에 그녀의 마음이 감동되어 항상 영광이 임했다. 그녀는 그 곡들을 자신의 것으로 완전히 소화했고 그녀가 부를 때 그녀의 예배가 주님의 마음을 감동하게 했다. 그래서 주님께서 그녀에게 생생히 나타나셨다.

그녀는 주님께 순복했고 그 결과 하나님의 임재가 강당을 가득 채웠다. 그러면 청중이 하나님을 예배하면서 하나님의 임재를 느꼈고 그때 기적과 하나님의 강력한 능력이 청중에게 역사했다.

내가 수천 번의 사역 속에서 순복할 때마다 즉시 능력이 내 위에 임하는 것을 느낀다. 나는 전기도 느꼈고 불도 느꼈다. 주님의 압도하는 기름 부음을 느꼈다. 어떤 때는 그 영광스러운 능력 때문에 내 몸이 터질 것만 같았다. 나는 담대하고 강하고 몸짓과 목소리가 커지고 열정이 넘치면서 감정이 풍부해졌다.

하나님의 능력이 당신의 몸을 통해 흐르기 시작할 때 피부가 느끼기 시작한다. 몸 전체가 하나님의 능력 아래 있다. 그래서 하나님의 능력이 옷에 스며들기 시작한다. 그리고 하나님의 능력이 사람들에게 흘러갈 준비가 되어서 당신을 통해 하나님이 만지기 원하시는 사람들에게로 흘러간다.

사람들이 하나님을 필요로 하고 갈급하면 당신 위에 임한 능력 기름 부음을 그들이 끌어당긴다. 사람들이 하나님의 임재와 연합하고 순복하면 능력이 사람들 위에 임해 치유된다. 하나님의 생생한 임재가 사람들의 필요와 갈급함을 채우고 삶을 변화시킨다.

온통 자기 자신에 얽매여 있는 사람들은 하나님이 주고 싶어하시는 것을 받지 못한다. 그들은 내려놓을 줄 알아야 한다. 자신, 자신의 질병, 당면한 문제에 초점을 맞추면, 하나님께 초점을 맞추지 못한다. 내가 자주 하는 말이 있다. 주 예수님이 질병보다 더 생생해지면 질병이 즉시 떠날 것이다. 예수님의 생생한 실체가 질병을 몰아낼 것이다.

당신이 어디서 사역하든 능력 기름 부음을 약화하는 일이 일어날 수 있다. 사람들이 이리저리 돌아다니거나, 누가 말하거나, 이상한 소리가 들릴 수 있다. 당신이 허락한다면 많은 것이 주의를 산만하게 해서 능력 기름 부음을 줄이거나 약화할 수 있다. 누군가에게 일대일로 사역하는데 그런 일이 일어나고 상황이 허락되면, 바로 거기서 예배하기 시작하라. 예배하면 능력 기름 부음이 다시 임하기 때문이다. 또 필요하다면 말씀을 읽고 방언으로 기도해도 좋다. 하지만 상황상 그럴 수 없다면 그 사람을 위해 기도해 주면 된다.

공적 집회에서 사역하는데 능력 기름 부음이 약해지면 예배하거나 말씀을 전하면 된다. 이미 말씀 사역을 했거나 사람들이 예배하도록 인도했거나 사역자 자신이 예배했더라도 하나님이 원하시는 높은 곳에 아직 도달하지 못했을 수 있다. 그런 경우에 주님께서 좀 더 기도하라고 말씀하실 수 있다. 그럴 때 방언으로 기도해야 한다.

혼자 조용히 방언으로 기도하는 것에 대해 몇 가지 짚고 넘어가겠다.

- 방언 기도 자체로 기름 부음이 임하지 않는다. 말씀을 전하거나 예배하여 영적 영역에 들어가는 길을 만든 후에 기름 부음이 임한다.

- 방언 기도가 항상 필요하지는 않다. 나는 세 번 집회를 열면 그중 한 번만 방언 기도로 더 나아가야 할 필요를 느낀다. 다른 때는 방언을 하지 않아도 하나님이 임재하신다. 주님의 음성을 듣고 순종하라.

- 주변의 영적 분위기에 방언을 할지, 말지가 달려 있다. 나는 대형 크루세이드 집회를 열 때는 공적 자리에서 방언하는 경우가 별로 없다. 반면에 교회나 콘퍼런스에서 사역할 때 사람들의 기대나 믿음이 크지 않을 때 방언 기도를 하면 믿음의 분위기가 조성된다. 머리에 들어 있지 말아야 할 것이 들어 있을 때 방언이 필요할 수 있다. 그것을 깨끗이 해야 하기 때문이다.

하나님이 당신을 어떻게 사용하시든 능력 기름 부음이 흐르기 시작할 때 높은 곳에 머물러야 한다. 낮은 수준으로 떨어지지 마라. 성경의 예를 살펴보자. 누가복음 8장에서 야이로가 예수님께 왔을 때 기름 부음이 흘렀다. 주님이 함께 계시자 야이로의 믿음이 커졌다. 그때 혈루증이 있는 여자가 와서 주님의 옷 가를 만졌다.

이에 열두 해를 혈루증으로 앓는 중에 아무에게도 고침을 받지 못하던 여자가 예수의 뒤로 와서 그의 옷 가에 손을 대니 혈루증이 즉시 그쳤더라 예수께서 이르시되 내게 손을 댄 자가 누구냐 하시니 (누가복음 8:43-45)

이 여자가 도중에 끼어들자 야이로의 믿음이 흔들렸고 예수님은 바로 알아채셨다.

그때 사람이 와서 야이로에게 말했다. "당신의 딸이 죽었나이다 선생님을 더 괴롭게 하지 마소서." 그러자 야이로의 믿음은 바닥으로 뚝 떨어졌다. 그때 주 예수님이 뭐라고 하셨을까? 두 가지다. 첫째, "포기하지 마라. 네가 가진 작은 믿음을 붙들어라"라고 하셨다. 그리고 그 여자가 너무 오래 예수님과 얘기해서 시간을 지체하자 야이로의 믿음이 약해졌고, 그다음에 사람이 와서 "당신의 딸이 죽었나이다 선생님을 더 괴롭게 하지 마소서"라고 하자, 야이로의 믿음은 더 떨어졌다. 그러나 주님께서는 "믿음을 지켜라. 포기하지 마라"고 말씀하셔서 야이로의 믿음을 지켜주셨다. 주님께서 야이로의 집에 가셨고 베드로, 야고보, 요한과 야이로의 가족만 들어오게 하셔서 야이로의 믿음을 보호해 주셨다.

예수님께서 집 안에 들어가셔서 소녀가 자고 있다고 말씀하셨다. 그러자 조문객들이 다 비웃으면서 조롱했다. 그 즉시 예수님은 그들도 다 내보내셨다. 왜 내보내셨을까? 그들이 기름 부음에 영향을 미치고 있었고 야이로의 믿음이 바닥났기 때문이다. 주님께서는 야이로의 믿음을 보호하기 위해 필요한 조치를 하신 것이다.

크루세이드 집회에서 사역할 때 어떤 사람의 간증이 너무 길어져서 분위기에 영향을 미치면 흐름이 둔해진다. 그럴 때는 중단시키고 기도해 주거나, 다른 사람에게 사역해야 한다. 흐름이 끊어지지 않게 해야지 그냥 두면 흐름이 완전히 끊어질 수 있다.

능력 기름 부음이 빨리 움직일 때도 있고 서서히 움직일 때도 있다. 강한 바람일 때도 있고 부드러운 바람일 때도 있지만, 여하튼 바람이 아직 불고 있고 사라지지 않았는데, 그냥 두면 완전히 사라질 수 있다. 하나님의 성령에 저항하면 바람이 멈출 수 있다. 만일 누가 성령의 역사에 저항하는데 그냥 두면 성령의 바람이 멈출 수 있다. 그래서는 안 된다. 흐름을 통제해서 사역의 자유로운 흐름이 이어지게 해야 한다.

바람이 빨라지고 거세지는 것처럼 기름 부음이 가속되는 것을 느낄 때가 있다. 그럴 때는 사도행전에서 빌립 집사가 에디오피아 내시를 만나러 달려간 것처럼 기름 부음을 따라 빨리 움직여야 한다. 빌립은 수레를 따라잡기 위해 달려야 했다. 빌립이 수레에 타고 보니 내시가 무엇을 읽고 있었다. 이사야서 53장이었다. 만일 빌립이 달리지 않고 걸었더라면 어떻게 되었겠는가? 에디오피아 내시의 삶을 바꿀 기회를 놓쳤을 것이다. 하나님이 "가자!"라고 하실 때가 있다. 그래서 나와 우리 팀원들은 예배 때 신속히 움직인다. 수천 명의 참석자가 변화될 순간을 놓치지 않기 위해서다. 주님을 위해 어떤 종류의 사역을 하든 이 원칙이 적용된다.

어떻게 하나님의 능력 기름 부음을 흡수하여 풀어놓을지 여러 장에 걸쳐 살펴보았다. 사역하려면 우리 위에 기름 부음이 반드시 있어야 한다. 하나님께 순복함으로 기름 부음을 흡수하여 풀어놓은 후 우리는 예배로 기름 부음을 유지해야 한다. 예배하면 주님이 임재하신다. 우리가 순복하면 주님의 능력이 풀어지고, 예배하는 분위기로 기름 부음을 유지해야 한다.

하나님의 기름 부음이 계속 흐르게 하려면 높은 곳에 머물러야 한다. 하나님이 당신을 사용하기 원하면 하나님이 주신 것을 지킬 의무가 있다. 지금까지 그것이 나의 의무이기도 하다. 능력 기름 부음을 보호하는 것에 대한 다음 장의 내용을 유의해서 읽기 바란다.

Chapter 10

# 기름 부음의 순수함 보호하기

나는 이 주제를 공개적으로 가르쳐 왔지만, 이번처럼 자세히 다룬 적은 없다. 나는 하나님께서 많은 사람을 능력 사역에 사용하시는 것을 목도했는데, 기름 부음을 순수하게 지키는 사람들만 곁길로 빠지거나 육적인 것과 섞이지 않아서 기름 부음이 흐려지지 않았다.

기억하라. 거하는 기름 부음이 역사하는 데 필요한 것은 주 예수님과 시간을 보내는 것뿐이다. 그 내적 기름 부음은 커지지 않는다. 갈급함이 커지고, 믿음이 커지고, 주님을 향한 사랑은 점점 더 커지지만, 거하는 기름 부음은 항상 충만하다.

그러나 사역을 위한 능력 기름 부음은 다르다. 커지거나 줄어들 수 있다. 자라거나 약해질 수 있다. 모든 그리스도인이 능력 기름 부음을 받지는 않는다. 외적 기름 부음인 능력 기름 부음은 주 예수님이 우리에게 맡겨 주셔야 받을 수 있다. 주 예수님이 능력 기름 부음을 맡겨 주신 우리는 오염되지 않도록 순수하게 지켜야 한다.

이제 능력 기름 부음에 큰 영향을 미치는 것에 관해 살펴보자. 만일 신자가 다른 데 한눈을 파느라 하나님과 시간을 갖지 않으면 치러야 할 값을 치르지 않는 것이고, 예수님이 마땅히 받으셔야 할 시간을 드리지 않는 것이다. 그 시간은 예수님의 시간인데 예수님께 드리지 않는 것이다. 그러면 신자가 멀어짐에 따라 주님께서도 서서히 거리를 두실 것이다. 주님은 우리에게서 임재를 빨리 거두어 가시지 않는다. 매우 서서히 거두어 가실 것이다. 어떤 사람에게서 임재를 거두어 가셨다면, 그 사람이 하나님께 시간을 드리지 않았기 때문이다. 그래서 그의 갈급함이 줄어들 것이고, 믿음이 줄어들 것이고, 사랑이 줄어들 것이다.

주님은 우리에게 임재 안으로 돌아갈 시간을 주셔서 갈급함, 믿음, 사랑이 계속 자라게 하신다. 그러나 우리가 그런 시간을 계속 등한시하면 아주 큰 값을 치러야 한다. 신자가 하나님 임재 연습을 계속 등한시하면, 귀한 임재가 줄어들 것이다. 우리가 조금 더 멀어질수록 갈급함이 줄어들고, 믿음이 줄어들고, 사랑이 줄어든다. 그래서 하나님으로부터 멀어지게 되고, 그 결과 훨씬 덜 갈급하고, 훨씬 덜 믿고, 훨씬 덜 사랑하게 된다. 만일 우리가 완전히 멀어지면 갈급함도 없어진다. 믿음은 자라지 않고 죽어갈 것이고 마음은 얼음장처럼 차가워질 것이다.

이런 상황이 되면 위험해진다. 영적 생활이 약해졌기 때문이다. 주님을 등한시해서 내면에 주님의 임재가 줄어들면 이제는 능력 기름 부음이 오히려 자신을 해치게 된다. 그의 내면에 능력 기름 부음을 뒷받침할 것이 아무것도 없기 때문이다. 능력 기름 부음은 여전히 있다. 그것은 은사이고, 은사는 제거되지 않기 때문이다. 로마서 11장 29절에서 "하나님의 은사와 부르심에는 후회하심이 없느니라"고 한다. 즉 신자의 삶이 약해졌더라도 은사는 여전히 작동한다는 것이다.

주님의 임재가 줄어들어서 능력 기름 부음의 짐을 지기가 어려워지면 무슨 일이 일어날까? 사역하라고 주신 영적 은사와 능력 기름 부음을 내면에서 뒷받침해 주지 못하면 무거운 짐이 되고 파멸할 수 있다. 하나님은 하나님의 사람들을 축복하려고 은사를 주셨지만, 그 은사가 지기 어려운 짐이 되는 것이다. 그러면 그는 사역을 싫어하고 부르심을 멸시한다. 그리고 자기 혼자 뭘 할지 궁리한다. 은사가 사업이 되어 버린다. 기름 부음을 팔려는 유혹을 받게 된다. 이제는 주 예수님을 위함이 아니라 자신이 전부가 된다. 하나님의 임재와 하나님의 능력은 없고 남은 건 자신뿐이다.

이렇게 되면 신자의 삶에 주님의 임재가 없으므로 죄를 깨닫지도 못한다. 그래서 능력 기름 부음과 하나님이 맡기신 영적 은사들이 오염되고 희석되고 더러워지게 놔둔다. 죄가 마음속에 뿌리를 내린다. 능력 기름 부음이 여전히 흐르지만, 주님의 임재가 없어서 그가 하는 일은 진정한 능력이 없고 공허하고 허무하다. 하나님이 주신 모든 영적 은사가 여전히 작동하긴 하지만, 주님이 그를 사용하시는 것이 아니라 은사가 그를 사용하는 것이다.

이런 이유로 당신의 능력 기름 부음을 보호하는 것이 중요하다. 하나님과 시간을 보내는 것을 최우선순위로 삼아라. 아무리 주님이 은혜롭고 자비하셔도 주님을 등한시하지 마라. 물론 주님의 임재를 당장 거두어 가시지는 않겠지만, 왜 임재를 거두어 가시게 하는가? 하나님은 각성하고 회개할 기회를 주시지만, 왜 시간을 낭비하는가? 주님과 늘 연합하여 생명이 충만하도록 늘 최선을 다하여 사역의 기반이 항상 튼튼하게 해야 한다.

기억하라. 능력 기름 부음을 위해 치러야 할 값이 있다. 주님과 시간을 보내야 한다. 이것은 특권이기도 하다. 그런데도 그 값을 치르지 않으려는 사람들이 있다. 그래서 그들의 삶과 사역의 기름 부음이 오염되고 만다. 하나님의 순수한 기름 부음이 그들을 통해 흘러도 그들이 마음에 받아들인 나쁜 것들 때문에 오염되고 만다. 기름 부음이 섞이고 순수하지 않아서 약하고 능력이 없다. 그래서 주님께서는 능력 기름 부음을 순수하게 지키는 방법을 사용하신다.

## 주님께서 기름 부음을 깨끗하게 보존하시는 삼 단계

삼 단계 방법이라고 표현해서 아주 쉬운 삼 단계만 거치면 된다고 생각할 수 있는데 오산이다. 현대인들은 아무 대가도 지불하지 않고 시간이나 노력도 별로 들이지 않는 쉬운 처방에 익숙하지만, 하나님 나라는 그런 식으로 되지 않는다. 하나님의 규례는 엄중하다.

하나님이 기름 부음을 정결하게 하는 삼 단계 과정은 '때리기, 흔들기, 짓이기기'다. 듣기만 해도 포기하고 싶은가? '때리기, 흔들기, 짓이기기'라는 말만 들어도 고통스러운 벌 같다. 그러나 이 방법은 그런 것이 아니다. 하나님은 우리를 벌주려는 것이 아니다. 나는 오럴 로버츠Oral Roberts와 렉스 험바드Rex Humbard가 사역하면서 험난한 인생길을 헤쳐 나가는 것을 보았고 이를 통해 지혜와 포기하지 않는 힘을 얻었다. 나는 하나님이 내 안의 기름 부음을 정결하게 하시는 과정 중에 매우 힘들었고, 하나님이 내 미래를 보호하신다는 것을 깨닫지 못했다. 그러나 이제 나는 뒤돌아보며 감사한다. 그 덕분에 내가 이렇게 사역하고 있음을 깨달았기 때문이다.

때리기, 흔들기, 짓이기기는 올리브기름이 나오기 전에 올리브나무가 거치는 삼 단계다. 우선 올리브나무를 막대기로 때린다. 그다음에 손으로 나무를 거칠게 흔들어서 올리브가 땅에 떨어지게 한다. 그리고 올리브를 짓이긴다. 이 삼 단계 없이는 올리브기름을 얻을 수 없다. 어떻게 하나님께서 각 단계를 통해 기름 부음을 정결하게 하시는지 살펴보자.

### 1. 때리는 단계

신명기에 올리브나무를 때리는 이야기가 나온다.

네가 네 감람나무(올리브나무)를 떤(때린) 후에 그 가지를 다시 살피지 말고

(신명기 24:20)

　때리는 과정은 무엇인가? 내 생각에는 십자가에서 육신이 못박히는 것이다. 하나님께서 쓰시려는 사람들의 삶에 예수님의 십자가가 역사한다. 하나님께 쓰임 받으려면 육신이 죽임을 당해야 한다. 올리브나무처럼 당신도 십자가의 역사로 때려질 것이다.

　주님의 훈육을 온전히 받아들이려면 하나님이 우리를 교정하시는 것을 포함해, 하나님의 과정과 방법을 온전히 받아들여야 한다. 부모가 자녀를 교육하는 것은 자녀에게 유익하고 도우려는 것임을 자녀가 알듯이, 우리도 사랑의 하나님을 신뢰하고 하나님이 고쳐주시는 훈육을 좋아해야 한다. 나는 여러 번 주님께 이렇게 기도했다. "원하시는 만큼 얼마든지 저를 꾸짖어 주세요. 다만 저를 떠나지 마세요. 언제든 저의 잘못을 고쳐주세요, 주님. 다만 제 삶에서 떠나가지 마세요." 주님께서 이 기도에 잘 응답해 주셨다.

　주님을 섬기기 원하면 십자가를 지고, 자기를 부인하고, 하나님께 자신을 맡기고 순복해야 한다. 섬김을 받는 것이 아니라 섬기는 수준으로 발전하려면 그렇게 해야 한다. 하나님이 우리를 정결하게 하시려면 먼저 그렇게 되어야 한다. 이것을 깨달은 바울 사도는 고린도전서 9장 27절에서 이렇게 말한다.

내가 내 몸을 쳐 복종하게 함은 내가 남에게 전파한 후에 자신이 도리어

버림을 당할까 두려워함이로다

바울은 하나님의 기름 부음 받을 자격을 잃지 않으려면 신체를 성령께 순복시켜야 함을 알았다. 그는 육신을 십자가에 못박고, 육신적 충동을 부인하고, 저급한 본질이 주님께 온전히 순복하게 해야 한다는 것을 알았다.

왜 올리브나무를 치는가? 짓이겨질 준비가 된 올리브들이 떨어지게 하려는 것이다. 무르익은 올리브만 떨어진다. 그다음에 이사야 선지자가 말한 대로 흔든다.

## 2. 흔드는 단계

그러나 그 안에 주울 것이 남으리니 감람나무를 흔들 때에 가장 높은 가지 꼭대기에 과일 두세 개가 남음 같겠고 (이사야 17:6)

왜 올리브나무를 흔들었을까? 잘 익은 올리브들이 떨어져서 먹을 수 있게 하기 위해서다. 우리 삶에서 흔들기는 박해를 말한다. 사람들이 당신을 욕하고, 당신의 자녀를 욕하고, 당신의 집 밖에서 시위를 벌일 수도 있다. 나는 몇 년 동안 그런 일을 당했다. 공적 사역을 하면 매스컴의 공격을 받을 수 있고, 사회관계망서비스SNS에서 안 좋은 말을 반드시 들을 것이다.

흔들기는 우리가 하나님 앞에서 겸손해지고 회개하는 데 꼭 필요한 단계다. 우리는 진정으로 회개하며 하나님께 나아오고 우리가 허락한 죄에 대해 마음이 깨져야 한다. 자기를 부인하고 십자가를 질 때 겸손해지고 참된 회개를 하게 된다.

> 지극히 존귀하며 영원히 거하시며 거룩하다 이름하는 이가 이와 같이 말씀하시되 내가 높고 거룩한 곳에 있으며 또한 통회하고 마음이 겸손한 자와 함께 있나니 이는 겸손한 자의 영을 소생시키며 통회하는 자의 마음을 소생시키려 함이라 (이사야 57:15)

우리 모두 흔들리는 때가 있다. 짓이기기는 어떤가?

## 3. 짓이기는 단계

아무도 이것을 좋아하지 않는다. 짓이기기를 허락하는 성경의 원칙이 얼마나 아름다운지 깨닫지 못하기 때문이다. 미가가 이렇게 말한다.

> 네가 씨를 뿌려도 추수하지 못할 것이며 감람 열매를 밟아도 기름을 네 몸에 바르지 못할 것이며 (미가 6:15)

이스라엘에서는 올리브 틀에서 큰 돌로 올리브를 짓이긴다. 포도처럼 발로 밟지 않는다. 우리 삶에서 짓이기기는 주님의 뜻이 무엇이든지 간에 온전히 순복하는 것이다. 삶에서 사랑하는 모든 것을 내려놓는 것이다. 붙들고 싶은 모든 것을 주님이 깨뜨리실 때 내려놓는 것이다. 당신을 짓눌러 세상적인 것, 당신의 삶에 대한 하나님의 계획을 막는 모든 것이 빠져나오게 한다.

정결하게 하는 과정에서 당신을 짓이기셔서 주님께서 쓰실 수 있도록 거룩하게 하신다. 육신과 세상이 만들어 놓은 모든 것을 당신의 삶에서 제거하신다.

내가 주님께 자주 간구하는 것이 있다. "주여, 제 안에 당신이 싫어하시는 것은 무엇이든지 제거해 주소서!" 나는 육신에서 나온 것, 세상 방식에서 나온 것을 원하지 않는다. 그것은 내게 도움이 되지 않고 나를 주님과 단절시킬 뿐이다. 나는 주님을 너무 사랑하므로 그렇게 되도록 놔둘 수 없다.

당신이 신자로서, 기름 부음 받은 주님의 종으로서 생존하려면 이 세 가지가 핵심이다. 하나님께서 당신을 이 과정에 넣도록 허락하면, 세상이나 악한 영의 오염과 스스로 통제가 안 되는 약점 때문에 염려할 필요가 없다. 디모데후서 2장 20-21절에서 바울은 집에 두 종류의 그릇이 있다고 말한다. 금 그릇과 은그릇은 귀하게 쓰이고 나무 그릇과 흙 그릇은 천하게 쓰인다. 당신이 귀하게 쓰는 그릇이 되려면 이 과정을 거쳐야 한다. 다른 방법은 없다. 당신이 이 과정을 통과하는 동안 하나님이 당신을 지켜주실 것이다.

Chapter 11

# 능력 기름 부음을 약화하는 여섯 가지

하나님이 당신을 정결하게 하시도록 그 과정을 허락해야 할뿐 아니라, 능력 기름 부음을 약화하는 여섯 가지를 조심해야 한다. 이런 생각이 들 수 있다. "베니 목사님, 내가 하나님의 임재 안에 있는 시간을 가지면 기름 부음이 강하고 깨끗하지 않나요?" 물론 그렇다. 강한 기름 부음을 유지하는 것들에 대해 나중에 살펴보겠다.

성경은 마귀를 대적하고, 성령을 대적하거나 슬프게 하거나 소멸하지 말라고 한다. 왜 그런가? 성령은 부드러운 비둘기 같아서 성령을 거스르면 떠나시기 때문이다. 기름 부음에 대한 다음의 사실들을 아는 사람이 드물고, 가르치거나 설교하는 사람은 더욱 드물다. 하나님께 쓰임 받는 사역을 하고 싶으면 이런 것들을 잘 알아야 한다.

### 1. 악한 영을 받아들이지 마라

악한 영을 받아들이면 능력 기름 부음이 힘을 잃는다. 어떻게 악한 영을 받아들일까? 여호수아서 7장의 아간처럼 악한 영과 관련된 것들을 삶에 받아들이는 사람들이 있다. 아간은 어떤 악한 영의 형상을 취하여 자기 장막에 숨겨서 하나님의 지시를 정면으로 위배했다. 그 결과 12절에서 주님이 "그 온전히 바친 물건을 너희 중에서 멸하지 아니하면 내가 다시는 너희와 함께 있지 아니하리라"고 말씀하신다. 이 구절이 시사하는 바가 크다. 주님께서 한 사람의 죄 때문에 한 나라에서 임재와 능력을 거두셨다. 단 3천 명으로도 이길 수 있었을 전투였는데 한 사람 때문에 한 나라 이스라엘이 전투에 졌다.

저주받은 물건은 사람의 삶과 사역에 저주를 부른다. 기름 부음을 약화할 수 있고, 조치하지 않으면 하나님의 임재를 완전히 없앨 수 있다. '내가 다시는 너희와 함께 있지 아니하리라'는 하나님이 임재를 거두셨다는 것이다. 왜 그런가? 성령은 거룩하셔서 악한 영이 깃든 물건 근처에 계실 수 없기 때문이다.

슬프게도 많은 그리스도인이 하나님께 쓰임 받지 못하는 이유는 집에 악한 영과 관련된 책과 자료를 두거나 악한 영이 역사하는 것을 보고 듣기 때문이다. 어떤 목회자들은 알게 모르게 마귀적인 것을 사역에 허락하기도 한다.

신명기 7장 25절에서 "너는 그들이 조각한 신상들을 불사르고 그

것에 입힌 은이나 금을 탐내지 말며 취하지 말라 네가 그것으로 말미암아 올무에 걸릴까 하노니"라고 말씀한다. 몸에 입는 것이 기름 부음을 약화할 수 있다. 당신을 속박할 수 있다. 그런데 당신은 그런 것들이 하나님께 얼마나 중요한지 깨닫지 못할 수 있다. 그리스도인이 모르는 사이에 악한 영의 문양을 착용할 수 있다. 시계나 장신구 혹은 옷의 로고 등이 그럴 수 있다. 하나님은 너무나도 거룩하셔서 그런 걸 허락하실 수 없다.

26절 "너는 가증한 것을 네 집에 들이지 말라 너도 그것과 같이 진멸 당할까 하노라 너는 그것을 멀리하며 심히 미워하라 그것은 진멸 당할 것임이니라." 그러므로 버려야 한다.

영적 전쟁은 실재한다. 원수가 우리 삶에 들어오게 허락한 것을 중단하라. 당신의 집에 악한 영을 상징하는 것이 뭐라도 있으면 당장 버려라. 더는 시간을 낭비하지 마라. 그런 것들은 장식품이나 향일 수도 있고, 영화나 TV 프로그램, 음악일 수도 있다. 이런 불필요한 모든 것은 반드시 제거해야 한다. 값을 매길 수 없이 귀한 선물을 하나님이 당신에게 주셨으니 다른 어떤 것으로도 기름 부음이 약해지게 하지 마라.

강력한 진리가 하나 더 있다. 제거하는 것으로 충분하지 않다. 제거한 후 선포해야 한다. 대부분 사람은 그렇게 하지 않지만, 말씀에 그렇게 되어 있다. 이사야서 30장 22절에서 하나님이 지시하셨다. "또 너희가 너희 조각한 우상에 입힌 은과 부어 만든 우상에 올린 금을 더럽게 하여… 던지며 이르기를 나가라 하리라."

"나가라! 이 방이 받은 영향을 끊는다. 그것과 함께 온 악한 영에게 명령하노니 나가라." 그 물건이 악한 영을 데려왔음을 알아야 한다. 이제 내쫓을 때다. 물건을 던지는 것으로 충분하지 않다. 그 물건과 함께 마귀를 던져야 하고, 당신의 입으로 선포하면 된다.

성경은 당신의 입술로 해방이 이뤄진다고 한다. 잠언 12장 6절이다. "악인의 말은 사람을 엿보아 피를 흘리자 하는 것이거니와 정직한 자의 입은 사람을 구원(해방)하느니라." 당신이 말할 때 그렇게 된다. 당신의 말로 해방한다. 그러고 나면 능력 기름 부음이 흐를 것이다.

## 2. 육신이 기름 부음을 오염하도록 허용하지 마라

두 번째로 능력 기름 부음을 약화하는 것은 육신이다. 하나님이 출애굽기 30장 32절에서 말씀하셨다. "사람의 몸에 [기름 부음의 기름을] 붓지 말며." 즉 '육신이 개입하게 하지 말라. 육적 본성과 세상이 끼어들게 하지 말라'는 것이다.

우리 삶이 오염되게 놔두면 우리 사역 속의 하나님의 임재와 하나님의 능력이 약해질 수 있다. 우리는 어떤 오염이든 절대로 허락하면 안 된다. 나는 사역하기 전에 누구와 얘기하는지 조심해야 한다는 것을 배웠다. 누구와 "안녕" 하고 인사하는 것만으로도 영향을 받을 수 있다. 설령 그가 좋은 의도로 말하는 그리스도인이나 목사라도 그 대화가 내게 영향을 미칠 수 있다.

또한 나는 하나님이 없는 불경건한 사람들과 가까워지지 말아야 한다는 것을 배웠다. 기름 부음이 약해지다가 완전히 사라질 수도 있기 때문이다. 오래전에 나는 할리우드 세계에 유혹되어 그 세계에 사역할 수 있다고 어리석은 생각을 했다. 나는 할리우드의 파티에 와서 기도해 달라는 초청을 받았고, 그 파티에 많은 유명 연예인들이 참석했다. 당시에 이 일은 매우 매력적이었다. 그런데 내 삶이 시들어가기 시작했고, 마침내 아내 수잰Suzanne이 뭘 하는 거냐고 물었다. 나는 "그들을 구원하려고 해. 그들은 초자연적인 것에 관심이 있어. 그들은 내가 하는 사역이 진짜인지 알고 싶어해"라고 말했다.

수잰이 말했다. "당신은 결코 그 사람들을 구원하지 못할 거예요. 그건 당신의 소명이 아니에요, 베니." 그러면서 수잰은 성경 말씀으로 일깨웠다. "너희는 믿지 않는 자와 멍에를 함께 메지 말라 의와 불법이 어찌 함께 하며 빛과 어둠이 어찌 사귀며 … 그러므로 너희는 그들 중에서 나와서 따로 있고 부정한 것을 만지지 말라 내가 너희를 영접하여"(고후 6:14, 17).

하나님은 부정한 것을 허락하지 않으신다. 당신의 삶에 그것을 허락하면 당신을 사용하지 않을 것이다. 없애야 한다. 나는 이것을 시행착오를 통해 어렵게 배웠고 당신에게 이 경고를 하는 이유는 이런 전철을 밟지 않기를 바라는 마음에서다.

능력 기름 부음은 당신이 보는 불경건한 사진들에서 영향받을 수 있다. 매디슨 스퀘어 가든에 갔을 때 공연한 사람들의 사진이 사방에 걸려 있었다. 나는 말했다. "내가 그들의 얼굴을 보면 집회에서 사역할 때 기름 부음이 약해질 거예요. 그들의 얼굴을 가려요." 그래서 사역 스태프들이 검은 커튼으로 모두 가렸다.

나는 호텔방에 들어가기 전에 사람을 보내서 세상이나 마귀를 나타내는 사진이나 그림 또는 잡지와 신문을 모두 치우게 한다. 서랍에 뭔가 있으면 모두 비운다. 나는 그런 것들이 보고 싶지 않다. 기름 부음을 약화하기 때문이다. 나는 TV와 라디오 전원도 다 뽑는다. 조용한 세상 음악도 틀지 않는다. 기름 부음을 보호하기 위해서다.

어떤 사람들에게는 너무 과하겠지만, 나에게는 그렇지 않다. 나를 통해 흘러가서 다른 사람들에게 역사할 능력 기름 부음을 지켜야 한다는 막중한 책임이 있기 때문이다. 능력 기름 부음을 더 강하게 하거나 약화하는 것은 나의 소관이고 내게 달려 있다. 내가 능력 기름 부음을 오염시킬 수도 있고 정결하게 보존할 수도 있다. 하나님께서 지키도록 나에게 맡기셨으므로 나는 능력 기름 부음을 보호해야 한다. 당신도 그렇게 할 수 있다. 빌립보서 4장 13절에서 하나님께서 약속하신다. 당신에게 능력 주시는 자 안에서 당신은 모든 것을 할 수 있다.

### 3. 당신의 기름 부음을 남이 모방하거나 빌리거나 훔치도록 허용하지 마라

사역이나 직분을 위한 기름 부음이 당신 위에 있을 때 그 기름 부음을 흘려보낼 수 있다. 당신 내면에 거하는 기름 부음은 흘려보낼 수 없다. 당신 위에 있는 능력 기름 부음만 흘려보낼 수 있다. 그런데 올바른 사람에게 흘려보내야 한다. 능력 기름 부음을 자격 없는 사람에게 흘려보내면 당신의 능력 기름 부음이 약해지기 때문이다.

이스라엘 자손에게 말하여 이르기를 이것은 너희 대대로 내게 거룩한 관유니 사람의 몸에 붓지 말며 이 방법대로 이와 같은 것을 만들지 말라 이는 거룩하니 너희는 거룩히 여기라 (출애굽기 30:31-32)

다른 사람이 당신을 모방하게 허용하면 당신의 사역이 약해진다. 모르는 사람이 당신의 사역을 모방하는 경우를 말하는 것이 아니다. 그것은 어떻게 할 수가 없다. 내가 경고하는 것은 다른 사람들을 훈련시켜서 또 다른 당신처럼 되게 하는 경우를 말한다. 또 다른 당신은 없다. 당신은 단 하나 뿐이다.

다른 사람들을 가르치고 축복하고 교육할 수 있지만, 당신을 모방하도록 어떤 사람을 훈련하고 가르치는 순간 당신의 직분이 약해진다. 사람들은 '나를 모방하는 사람이 있으면 하나님이 내게 부어 주시는 것도 증가할 거야'라고 생각하지만, 그렇지 않다. 당신의 것을 줘버린 것이다.

나는 대형 크루세이드 집회나 다른 교회에서 사역할 때 팀을 훈련시키는 강의를 하곤 했었다. "여러분은 집회 두 시간 전에 와서 한 구역의 사람들을 맡아서 믿음을 세워주세요. 그들의 기도 제목을 물어보고 말씀의 씨를 뿌려주세요. 그다음에 그 옆 사람, 그 옆 사람에게 가서 그렇게 하세요. 두 시간 동안 최소한 50명에게 말씀의 씨를 뿌려서 믿음을 세워주세요. 그리고 예배가 시작되어 기름 부음이 흐르면 말씀의 씨를 뿌린 그 사람들에게 불처럼 달려가서 함께 기도하세요."

그 시즌에 기적이 풍성하게 일어났다. 사역 팀들이 말씀의 씨를 뿌려서 청중이 준비되어 있었기 때문이다. 좋은 아이디어 같았지만, 훈련받은 사람 중에 '나도 이제 치유 사역을 할 수 있어'라고 생각하는 사람들이 생겨났다. 그렇게 되면 사역이 약해질 것이므로 나는 "아닙니다. 당신은 이 사역의 기름 부음 아래 있어서 그 기름 부음이 흘러갔을 뿐입니다. 당신 자신의 기름 부음이 아닙니다"라고 말했다.

다른 사람들이 당신의 능력 기름 부음을 그들의 것으로 생각하면 혼란이 일어난다. 당신의 기름 부음을 보호하지 않으면, 사람들이 그 기름 부음을 훔쳐 갈 것이고 당신의 삶에서 하나님의 능력이 약해질 것이다. 그뿐만 아니라 그리스도의 몸이 분열되고 혼란에 빠질 것이다.

이미 말한 대로 당신이 이 기름 부음을 다른 사람들에게 전달할 수 있고, 하나님이 어떤 사람에게 안수하여 기름 부음을 전달하라고 하실 때가 있다. 만일 하나님이 그렇게 지시하셨다면, 모세에게 여호수아에게 안수하라고 지시하신 것처럼 하나님은 다른 사람을 세우려는 계획이 있으시고, 그렇게 해도 당신의 소명을 저해하지 않는다. 그러나 하나님이 시키지 않았다면, 단지 당신이 어떤 사람을 좋아한다고 해서 그렇게 하지 마라. 그러면 당신의 사역이 약화될 것이다.

### 4. 아무나 가까이하지 마라

가까이하는 사람들이 당신에 대한 하나님의 계획을 방해하고 당신의 사역 위의 능력 기름 부음을 약화할 수 있다. 사역 팀에 사람을 잘못 두거나 하나님이 부르시지 않았는데 높은 자리로 승진시키면, 분열을 야기하고 당신의 사역이나 직분에 하나님이 주신 기름 부음을 저해할 수 있다. 당신이 전임 사역자가 아니라서 스태프나 이사회가 없어도 가정에 다툼과 분쟁이 있거나 당신이 하나님을 위해 일할 때 옆에 있는 그리스도인 중에 다툼과 분쟁이 있으면 사역이 약해질 수 있다.

사역을 하려면 주변 모든 사람을 잘 알아야 하고 그들의 기름 부음이 당신의 기름 부음과 일치하는지 알아야 한다. 어떤 사람이 당신과 같은 흐름에 있는지 당장 알 수도 있고, 어떤 때는 성령께 분별하게 해달라고 요청해야 한다. 영적으로 같은 흐름 속에 있지 않은 사람과 일하면 당신 위의 능력 기름 부음이 약화될 것이다.

당신이 말씀을 가르치는 사역을 한다면, 누가 단상 위에 앉는지, 청중석 제일 앞줄에 누가 앉아서 당신의 말을 듣는지 주의를 기울여야 한다. 당신의 사역에 도전하는 사람이 있으면 기름 부음이 영향을 받기 때문이다. 내가 어떤 교회에 사역할 때 제일 앞줄에 앉은 사람들이 진심으로 예배하지 않으면 힘이 든다. 예배하지 않고 그냥 빤히 바라보는 사람들이 있다. 그러면 기름 부음이 죽는다. 마태복음 13장 54-58절에서 주님이 나사렛에 가셨을 때 사람들이 도전했다. 그래서 예수님은 강력하게 사역하지 못하셨다. 사람들이 도전하고 대적했기 때문이다.

거하는 기름 부음은 당신의 영적 갈급함에 달려 있다. 반면에 능력 기름 부음은 사역을 받는 사람들의 필요나 영적 갈급함에 달려 있다. 당신 주변에 있는 사람들도 능력 기름 부음에 영향을 미친다. 주변 사람들과 연합과 조화가 이뤄지면 당신의 능력 기름 부음이 증가할 것이다. 반면에 분열과 반목이 있으면 당신 위의 능력 기름 부음은 줄어들 것이다.

### 5. 지배하려는 영이 있는 사람들을 주의하라

요한삼서 1장 9절에서 요한은 지배하려는 디오드레베라는 사람에 대해 경고한다. 그는 으뜸이 되고 싶어했다. 그는 종교의 영이 있어서 사람들을 지배하려고 했다. 종교의 영이 있는 사람을 주변에 두면 하나님께서 당신에게 주신 것을 약화하거나 죽이려고 할 것이다. 율법주의적이고 지배하려 하는 사람들은 하나님이 당신 위에 주신 능력 기름 부음에 치명적이다.

나도 그런 일을 겪었다. 한 친구가 내게 간섭해서 나는 "다시 전화하지 마"라고 말해야 했다. 내가 그를 차단한 것은 율법주의의 영, 종교의 영을 가진 사람이 기름 부음에 치명적이라는 것을 알았기 때문이다. 종교의 영은 능력 기름 부음을 약화하거나 심지어 완전히 죽일 수 있다.

어떤 종류의 사역이든 하나님이 당신을 사용하시기 바란다면, 성령의 음성 대신 사람의 음성을 듣지 않도록 조심해야 한다. 또 은사가 있어서 자신을 선지자라고 믿는 사람이 하나님의 음성 역할을 하게 놔두지 마라. 이는 매우 위험하다. 하나님이 당신에게 말씀하시는 것보다 하나님이 그 사람에게 말씀하시는 것을 더 의지하기 때문이다.

결국 당신은 하나님의 음성을 듣는 능력을 잃게 될 것이다. 자신이 선지자라고 믿는 사람의 음성 때문에 당신의 삶에서 하나님의 음성이 사라지게 하면 안 된다. 자칭 선지자들은 하나님을 대신해 당신에게 말한다고 생각할 것이다. 주님께서는 대신 말해 줄 누군가가 필요하지 않다. 주님께서 우리 모두를 포함해 누구에게든 친히 분명히 말씀하실 수 있다.

### 6. 다른 사람들의 죄를 주의하라

아무나 당신을 함부로 만지면 당신 위에 있는 능력 기름 부음이 약화될 수 있다. 디모데전서 5장 22절에서 "아무에게나 경솔히 안수하지 말고 다른 사람의 죄에 간섭하지 말며 네 자신을 지켜 정결하게 하라"고 한다. 그러므로 그런 사람에게 안수하지 말고, 그들이 당신을 만지게 하지 마라. 그랬다가는 그들의 죄와 불순함이 당신에게 틈탈 수 있다. 그들에게 있는 주술과 악한 영의 위험으로부터 자신을 보호하기 바란다.

오래전에 캐나다에 있을 때 아직 하나님이 내게 기름 부음을 크게 내리시기 전이었다. 나는 월요일 저녁에 한 가게에 갔다. 한 주술사가 그 가게에서 쇼핑하다가 내게 다가왔다. 악한 영들이 내가 누구인지 알고 그 여자에게 얘기한 것이다. 그녀가 나를 만지려고 해서 나는 몸을 빼며 "저를 만지지 마세요"라고 말했다. 그녀가 가까이 올 때마다 뭔가가 나를 잡아당기는 느낌을 받았다. 그래서 즉시 가게에서 나갔다. 이렇게 다른 사람 안에 있는 악한 영을 느낄 수 있다.

심지어 사람들이 좋은 의도로 당신을 위해 기도하고 당신에게 안수하려고 할 때도 자신을 보호할 필요가 있다. 나는 여러 집회에서 사역하면서 이것을 배웠다. 집회 전에 사람들이 모여 나를 둘러싸고 "베니 형제님을 위해 기도합시다"라고 했다. 그리고 그들이 내게 안수했을 때 능력 기름 부음이 약해지는 것을 느꼈다. 나는 아무나 내게 안수하게 하면 안 된다는 것을 배웠다. 성경은 "너희 가운데서 수고하고 주 안에서 너희를 다스리며 권하는 자들을 너희가 알고"라고 한다(살전 5:12). 오랄 로버츠, 렉스 험바드 등 내가 아는 하나님의 사람들이 오랜 세월 여러 번 나를 위해 기도했고 이는 내게 소중한 축복이었다.

1977년 예루살렘에서 일어난 일이다. 사역 장소에 갔더니 사람들이 나를 위해 기도해 준다고 해서 그렇게 하라고 했다. 그리고 능력 기름 부음이 나를 떠나는 것을 느꼈다. 나는 이미 사역 장소에 있었고 호텔로 돌아갈 수 없어서 버스에 올라 버스 기사에게 문을 잠가 달라고 했다. 그리고 기름 부음이 돌아올 때까지 기도했다. 나는 사람들이 나를 만지도록 허락한 어리석음을 용서해 달라고 간구했다. 그들 중에는 엄청난 사연을 가진 사람들이 있었는데 그들이 사역 직전에 내게 안수했기 때문이다. 그들 안에 어떤 영이 있는지 모르기 때문에 그들이 나를 만지게 하면 안 된다는 것을 깨달았다. 나는 캐더린 쿨만이 집회를 인도할 때 단상에서 왜 사람들을 피했는지 알게 되었다.

이것을 배운 후에 다른 집회를 인도하러 갔을 때 "아버지, 주 예수님의 피를 지금 제게 적용합니다"라고 기도했다. 왜냐하면 거기 있는 사람들이 그날 무엇을 했는지 모르기 때문이다. 나는 영적 기류 속에

뭐가 있는지 몰랐고, 내 위의 능력 기름 부음이 영향을 받지 않게 하려고 했다. 그리고 오염될 소지를 막으려고 사람들에게 이렇게 말했다. "저를 만지지 마세요. 여러분이 저를 위해 기도해 주지 않아도 됩니다. 이미 기도했습니다." 하나님의 성령은 거룩하셔서 오염이 일어나는 것을 허락하지 않는다.

거꾸로 당신이 안수할 때도 같은 일이 일어날 수 있다. 성경에 안수에 관한 내용이 많고 함부로 안수하는 것을 금한다. 디모데전서 5장 22절을 다시 보라. 바울은 디모데에게 아무에게나 함부로 안수하지 말라고 했다. 그 사람 안에 어떤 영이 활동하고 있는지 모르기 때문이다. 디모데는 죄 속에 살지 않았고 성령 안에서 약하지 않았지만, 바울은 디모데에게 주의를 주었다. 당신이 영적으로 강해도 아무나 만지지 마라. 그러면 능력 기름 부음이 약해질 수 있고 당신의 삶이 피해를 볼 수도 있다. 사역자들이 바울의 경고에 주의하지 않다가 사역이 사라지는 것을 나는 많이 보았다.

바울은 경솔히 안수하지 말라고 했다. 즉 지혜롭게 하라는 것이다. 안수하기 전에 먼저 자신을 보호하라. 경솔히 하지 말라는 것은 아무에게도 안수하지 말라는 것이 아니고, 지혜롭게 성령의 인도를 받아서 하라는 것이다. 바울은 디모데에게 지혜롭게 안수하라고 말했다. 때로는 능력 기름 부음 아래서 성령께서 누구에게 안수하라고 인도하신다. 하나님의 음성을 확실히 들었고 자신을 보호하는 조치를 지혜롭게 취했으면, 자유롭고 담대하게 성령의 인도를 따르고 당신을 통해 흐르는 성령의 오염을 염려할 필요가 없다.

나는 수천 명에게 안수하면서도 나 자신을 보호하는 법을 배웠다. 내가 하나님과 함께하는 시간을 가질 때 보호받는다. 주님의 임재가 나를 보호한다.

주는 나의 은신처이오니 환난에서 나를 보호하시고 구원의 노래로 나를 두르시리이다 (시편 32:7)

Chapter 12

# 능력 기름 부음을 보호하는 일곱 가지

능력 기름 부음을 약화하는 것들이 이렇게 많은데 어떻게 해야 능력 기름 부음을 강하게 유지할 수 있을까? 이번에는 이 기름 부음을 보호할 일곱 가지를 살펴보자.

## 1. 하나님의 말씀

젖으로 내 발자취를 씻으며 바위가 나를 위하여 기름 시내를 쏟아냈으며

(욥기 29:6)

말씀과 기도로 주님과 조용히 시간을 보낼 때, 하나님의 말씀이

우리의 영 안에 거하기 시작하는 순간이 온다. 그리고 하나님의 말씀이 당신의 삶과 사역 위에 능력 기름 부음을 강화할 것이다. 말씀 묵상은 계시로 이어진다. 계시가 흐르기 시작하면 당신의 삶과 사역 위에 있는 능력 기름 부음이 강화될 것이다.

### 2. 예배

성령의 높은 곳에 거하면 강건하다. 하나님이 원하시는 높은 곳에 머물려면 예배가 필수적이다. 기억하라. 신명기 32장 13절의 높은 곳, 즉 시편 91편의 은밀한 곳에서 보호받는다. 예배하는 곳에 보호의 장막이 쳐진다.

> 여호와께서 그가 땅의 높은 곳을 타고 다니게 하시며 밭의 소산을 먹게 하시며 반석에서 꿀을, 굳은 반석에서 기름을 빨게 하시며 (신명기 32:13)

기름 부음을 약하게 하는 것들이 무엇인지 알아야 기름 부음이 회복될 수 있다. 기름 부음을 약하게 하는 것들을 허용했어도 회복될 수 있다. 예배자만 회복할 수 있다. 내가 시행착오를 통해 어렵게 배우면서 어떻게 회복되었는지 아는가? 나는 예배자다. 나는 주를 예배하길 좋아한다. 신앙생활의 첫날부터 예배가 내 마음속에 있었고 지금까지도 그렇다. 나는 우리의 놀라우신 예수님을 예배하고 높이기를 좋아한다.

예배하면 당신이 보호받는 분위기가 조성된다. 영의 높은 영역에 있게 되어 말씀의 꿀을 흡수하고 기름 부음을 흡수하게 된다. 주님을 예배하면 주님의 임재가 나타난다. 주님이 생생해진다. 예배하면 순복하고 몸을 내어 드리게 된다. 계속 예배하면 순복하기 쉬워진다. 주님과 연합할 때 보호받는 상태가 다시 회복된다.

### 3. 방언 기도

때로는 방언 기도가 꿀과 기름이 흐르는 높은 곳에 머무는 데 필요하다. 뭔가가 능력 기름 부음을 감소시키면 당신이 능력 기름 부음을 증가시키고 그 힘을 회복시켜야 한다. 나의 경우에는 주로 예배하면 회복되었지만, 그 영역을 회복해 기름 부음을 다시 받기 위해 방언으로 기도해야겠다고 느꼈던 적도 있다.

1977년 예루살렘에서 버스로 돌아가서 기도했을 때 이것을 배웠다. 나는 버스에서 예배하며 주님과 강력히 다시 연합했다. 그다음에 나는 방언으로 기도했고 방언 기도가 더 빠르고 강해졌다. 그리고 악한 영들이 혼란에 빠진 걸 느꼈다. 방언할 때 원수는 어쩔 줄 모르기 때문이다. 방언을 하면 원수가 무너진다. 내가 그 버스에서 방언으로 기도했을 때 주님이 악한 영들을 쇠사슬로 결박하시는 것을 느꼈고 나는 자유로워져서 버스에서 나갔다. 놀라운 경험이었다.

예배가 필수적이지만, 때로는 방언 기도가 필요하다. 그러면 영적 전쟁에서 이길 것이다. 예배로 하나님과 다시 연결되고 방언 기도로 원수의 진영을 혼란에 빠뜨린다. 이 두 가지로 기름 부음이 회복된다.

4. 다른 예배자의 지원

예배를 통해 높은 곳에서 보호받고, 방언 기도로 원수를 혼란에 빠뜨리지만, 사역할 때마다 다시 영적 전쟁에 들어간다. 원수가 어쩔 줄 몰라 해도 완전히 바보는 아니다. 원수는 당신이 사역 시작하는 것을 보고 당신을 어떻게 공격해야 하는지 알고 있다. 원수는 하나님이 사용하시는 사람들을 공격한 적이 많아서 아주 노련하다. 원수가 다시 당신을 약하게 만들려고 할 때 당신과 연합할 예배자를 찾아야 한다. 즉 예배자를 가까이 두라는 것이다. 그러면 당신을 주님과 연합하게 하고 당신을 보호해 줄 것이다.

당신이 사역할 때 그들이 기도로 당신을 위해 영적 전쟁을 치를 것이다. 버스에서 영적 전쟁을 했을 때 몸에 힘이 없었다. 능력 기름 부음은 강하게 회복되었지만, 몸에 힘이 없었다. 예루살렘에서 이 상황에 처해 있을 때 유명한 토론토 블레싱의 존 아놋트John Arnott가 마침 그곳에 있었다. 나는 존과 함께 자주 사역하곤 했었다. 나는 "조니, 내 옆에 있어 줘"라고 매달렸다. 버스에서 영적 전쟁을 하느라 힘이 떨어져서 계속 사역하려면 그의 힘이 필요했다.

당신도 오랫동안 하나님께 쓰임 받다 보면 언젠가 이 조언이 필요한 날이 있을 것이다. 영적 전쟁을 많이 할수록 더욱더 필요하다. 영적 전쟁의 수준이 어떠냐에 따라 한 명 이상의 영적 조력자가 필요할 수 있다.

나는 인도 뭄바이에서 250만 명의 사람들 앞에서 사역하던 중에 마귀의 공격을 느꼈다. 그때 함께 있던 아내 수잰과 두 자매에게 말했다. "자매님들, 지금 내 뒤에서 기도해 주세요!" 영적 공격이 거셌지만, 기도가 시작되자 힘이 돌아왔다. 그때 나는 한 명보다 많은 사람이 기도로 나를 지원해야 할 때가 있음을 알았다.

주님을 위한 모든 사역에 이 원칙을 적용할 수 있다. 당신이 하나님을 예배하여 영적으로 보호받는 영역에 머물러야 한다. 혼자서 그 영역에 머물 수 없다면 당신이 머물 수 있도록 지원해 주는 사람을 가까이 두라. 예배자와 사역 장소에 함께 가서 당신이 사역하는 동안 기도하게 하라. 그러면 예배자의 힘으로 지원받을 수 있다. 매번 꼭 그럴 필요가 있는 것은 아니지만, 특히 외국에 나가서 다른 종류의 영들과 싸우며 사역할 때는 꼭 필요하다. 그러면 힘과 성령의 흐름이 그 예배자로부터 나오는 것을 느낄 것이다.

### 5. 중간 과정의 중요성

능력 기름 부음을 받고 하나님의 높은 곳에 계속해서 머물려면 해야 할 것이 많다. 그러다 보니 신체적으로 영적으로 지칠 때가 있다. 하나님의 높은 곳에 머물려면 다른 사람들의 지원이 필요하다. 특히 장시간 사역 후에 더욱 그렇다. 사역을 시작할 때는 모든 면에서 뜨겁다. 그러나 오래 사역하다 보면 힘이 약해진다. 기름 부음도 그렇게 되어서 다시 활성화되어야 한다. 그러나 정말로 지쳤을 때는 높은 곳에 혼자 머물기 쉽지 않다. 그럴 때 다른 예배자가 옆에 있으면 힘을 회복하고 유지할 수 있다.

또한 주의가 산만해지지 않게 막아줄 사람이 있으면 도움이 된다.

교회에서는 안내 봉사자들이 그런 역할을 할 수 있다. 예배 중에 우는 아기나 돌아다니는 사람이 있으면 좋지 않다. 휴대전화 벨 소리는 예배에 방해가 된다. 적절하지 않을 때 설교자에게 누가 다가오는 것도 정신을 산만하게 한다. 이런 간섭들은 육신의 역사이고, 하나님의 거룩한 능력을 제한한다. 그런 방해 거리들을 통제하는 사람이 있으면 기름 부음이 강하게 유지될 수 있다.

사역을 잘 끝내는 게 중요하다. 사역 내내 잃어버린 자들을 구원하며 계속 집중하라. 사역을 마칠 때 가장 강력하게 하라. 강력하게 마치려면 사역 내내 성령 안에서 강력해야 한다.

### 6. 육신의 역사를 허용하지 마라

이것은 큰 쟁점이다. 능력 기름 부음이 흐를 때는 육신이 한 일을 하나님의 역사로 오해할 수 있다. 능력 기름 부음이 흐르면 성령만이 아니라 육신까지 사람 안의 모든 것을 활성화하기 때문이다. 사무엘상 19장 24절을 보면 사울이 벌거벗고 누워 예언하는 장면이 나온다.

> 그가 또 그의 옷을 벗고 사무엘 앞에서 예언을 하며 하루 밤낮을 벗은 몸으로 누웠더라 그러므로 속담에 이르기를 사울도 선지자 중에 있느냐 하니라 (사무엘상 19:24)

왜 사울이 예언했는가? 기름 부음이 임하면 잠재된 은사가 활성화되어 회개하지 않아도 은사가 나타날 수 있다. 사울왕에게는 예언의 은사가 이미 있었다. 사무엘이 처음 사울에게 안수했을 때 사울이 예언했었고, 예언의 은사가 떠나지 않았다.

그 후로도 그 은사는 사울 안에 있었지만, 휴면 상태였다가 나중에 사무엘 위에 있는 기름 부음을 접하자 그 은사가 되살아났는데 육신도 함께 나타났다. 그 기름 부음으로 은사가 다시 활성화되었지만, 육신도 드러났다. 육신이 일어나서 능력 기름 부음을 모방하며 능력 기름 부음의 자리를 찬탈하려 했다. 육신이 하나님의 기름 부음인 것처럼 활동했지만, 사실은 자아가 만들어낸 가짜 대체물이었다.

어떤 사람들은 성령의 바람이 부는 걸 느끼면 육신을 드러내기 시작한다. 그들이 하는 말이 종교적으로 들리지만, 사실은 하나님에게서 오지 않은 것을 말한다. 그러면 당신을 통해 하나님이 하시는 일을 방해하고, 당신을 약화할 것이므로 그렇게 되도록 허용하지 마라. 사도행전 16장에서 귀신 들린 소녀가 바울을 따라다니며 지존하신 하나님의 종이라고 매일 외쳤을 때 바울이 어떻게 했는가? 바울은 그 악한 영을 꾸짖었다. 기름 부음이 아니었기 때문이다. 악한 영이 육신을 통해 말하며 나타난 것이었다.

바울은 그 차이를 알았다. 그 소녀에게서 나온 건 종교적인 말일 뿐이었다. 소녀가 바울에 대해 한 말은 맞는 말이지만, 악한 영, 종교적인 영이 소녀를 통해 한 것이었고 바울은 이것을 분별해 냈다. 어떤 사람의 말이 맞지만, 그 배후의 영은 종교적인 영일 수 있다. 종교적인 영이 역사하여 하나님의 기름 부음을 희석하도록 허용하지 마라.

육신은 성령이 아니다. 사람들이 종교적으로 보이는 일을 하고, 하나님이 말씀하시는 것처럼 말해도 하나님의 역사가 아닐 수 있다. 이는 당신을 통해 흐르는 하나님의 능력을 약화할 것이다. 그런 일이 일어나도록 허용하지 마라.

### 7. 올바른 흐름 안에 머물러라

잘못된 흐름 주변에 있으면 능력 기름 부음이 부정적 영향을 받을 수 있다. 그러므로 잘못된 흐름에서 당신을 초대해도 절대로 받아들이지 마라. 잘못된 흐름이란 당신과 똑같은 식으로 흐르지 않는 사람들이나 목회자들이다.

어떤 교회의 목회자는 당신이 지식의 말씀에 따라 하나님께 쓰임받는 방식에 동의하지 않지만 당신을 초청할 수 있다. 그는 하나님의 능력이 다르게 나타나는 것에 동의하지 않을 수 있다. 그는 하나님의 치유와 기름 부음 안에서 흐르는 방식을 지지하지 않을 수 있다. 그에게는 그만의 방식, 그만의 흐름이 있다. 그런데 당신이 그의 교회에서 사역한다면 그의 틀에 맞춰야 한다. 그는 당신이 그와 같아지기를 바란다.

그런데 당신이 그의 초청을 받아들여서 그의 교회에서 사역하면 당신의 에너지를 낭비하는 것이다. 왜 그럴까? 당신을 초청한 그 사람이 당신의 흐름 안에 있지 않기 때문이다. 내가 겪은 한 예를 들겠다. 나는 캐나다의 한 작은 시골 교회에서 설교한 적이 있다. 그 교회 목사님이 예배를 시작하며 "오늘 우리는 위험을 감수하고 베니 힌을 초청했습니다"라고 말했다. 좋지 않은 징조였다. 사역을 시작할 때 힘들었다. 자유롭게 사역할 수 없을 정도로 분위기가 경직되어 있었다.

예배를 마치고 주차장으로 갈 때 한 친절한 여성이 말했다. "먼지를 털어버리고 싶은 느낌이죠?" 내가 미처 대답하기도 전에 그녀가 말했다. "저는 성령 충만한 은사주의 그리스도인이에요. 당신이 사역하는 내내 당신을 위해 기도했어요." 그다음에 그녀는 내가 결코 잊지 못할 말을 했다. "이번에 교훈을 얻으셨기 바랍니다." 그 당시에는 무슨 말인지 몰랐지만, 지금은 이해한다. 사람들이 당신에게 대드는 곳에서는 사역하지 마라. 사람들이 당신과 같은 흐름 속에 있지 않으면 당신 위의 능력 기름 부음을 막을 수 있다.

올바른 흐름을 찾으라는 것은 기름 부음에 대해 당신처럼 믿는 사람들을 찾으라는 것이다. 교단 간의 교리적 차이가 아니다. 어떤 논점에 대해 다르게 볼 수도 있다. 신학의 차이에 대해서는 걱정하지 마라. 중요한 건 흐름이다. 올바른 흐름 안에 있으면 올바른 신학에 도달할 것이다. 흐름에 대해 의견이 일치하면 나중에 신학에 대해서도 의견이 일치할 것이다. 그러나 흐름에 대해 의견이 일치하지 않으면 신학에 대해서도 절대로 의견이 일치하지 않는다.

이 책을 읽으면서 당신 위에 있는 능력 기름 부음을 어떻게 보호할지 지혜를 얻었기 바란다. 하나님께 쓰임 받을수록 당신의 삶과 세계에 다음에 무엇을 하실지 더 계시해 주실 것이다. 주님의 날이 임박하기 때문이다. 당신 영의 사람, 즉 속사람 안에서 예언의 은사가 폭발할 것이다.

이 수준의 예언의 은사는 능력 기름 부음 안에 들어간다. 그러나 어떤 사람들이 감당할 더 강한 예언 사역의 기름 부음이 있다. 그것은 선지자 직분이다. 단지 예언의 은사가 있다고 해서 선지자 직분으로 부름 받지는 않는다. 이는 더 깊이 살펴볼 주제이며 민감하고 중요한 주제다.

# Part 3
# 예언의 기름 부음

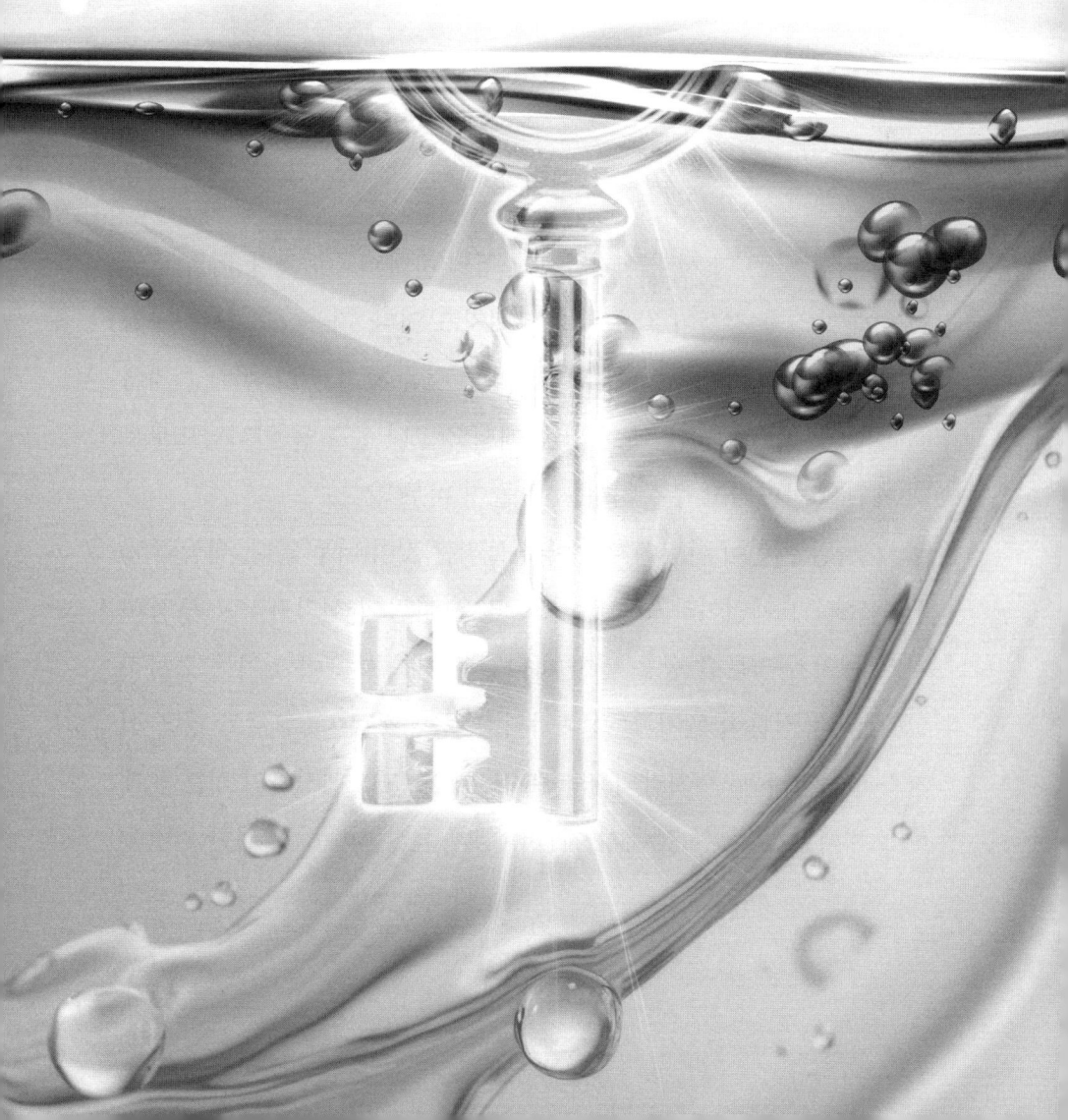

Chapter 1

# 예언적 기름 부음의 비밀

우리가 사는 이 시대는 지금까지 어느 시대와도 다르다. 하늘의 영역들에서 영적 전쟁이 갈수록 치열해지고 있다. 지구상의 모든 나라가 마지막 때의 예언들이 이루어져 가는 것을 보고 있다. 이런 힘겨운 시대에 예언이 성취되는 분위기 속에서 경고나 선포 등 하나님으로부터 예언을 받았다고 주장하는 사람들이 너무 많다.

오늘날 예언이 아닌데 예언이라 불리는 것이 너무 많다. 세상의 많은 목소리가 예언이라고 주장하고, 많은 사람이 선지자라고 주장하지만, 선지자 직분을 받을 만한 하나님의 기름 부음이 있기는 고사하고, 선지자 직분이 뭔지 잘 이해하지도 못한 것 같다. 그리고 많은 신자가 잘못 배워서 선지자의 기름 부음. 예언 은사. 선지자의 직분에 대해 오해하고 있다. 본 장에서 예언적 영역을 잘 이해하기 위한 기반을 놓겠다. 예언적 영역을 올바로 이해해야 하고, 올바른 이해는 안전하고 확실한 성경을 기반으로 한다.

예언에 관해 자주 인용되는 요엘서 2장에서 대부분 놓치는 세 가지가 있다. 이 익숙한 본문이 우리에게 말하는 것을 깊이 들여다보자.

첫째, 요엘서 2장 28절에서 '그 후에' 예언하게 될 것이라고 선포한다. 무엇 후일까? 이 질문에 답하려면 요엘이 앞에서 말한 부분을 봐야 한다. 요엘서 1장 14절에서 "너희는 금식일을 정하고 성회를 소집하여 장로들과 이 땅의 모든 주민들을 너희 하나님 여호와의 성전으로 모으고 여호와께 부르짖을지어다"라고 한다. 하나님을 찾고, 하나님을 부르고, 하나님께 부르짖으라고 하나님의 백성에게 말한다. 요엘서 1장에서 하나님의 백성에게 중보 기도 하라고 하고, 요엘서 2장에서 그 후에 무슨 일이 일어날지 말한다. 즉 중보 기도 하면 예언이 임한다.

둘째, 요엘서 2장 28절에서 하나님이 "내가 내 영을 만민에게 부어 주리니 pour out"라고 말씀하신다. 아래로 부어 준다고 pour down 하지 않으셨다. 만일 아래로 부어 주신다면, 하늘에서 땅으로 부으시는 것이리라. 그러나 본문을 보면 그렇지 않다. 밖으로 부어 준다고 pour out 하신 걸 보면 하나님의 영이 이미 당신의 마음속에 있다. 구원받을 때 주님이 이미 당신을 성령으로 충만하게 하셨다. 구원받았다면 성령이 당신 안에 계신다. 성령이 우리 안에 계시므로 예언적인 것이 이미 모든 신자 안에 있다.

셋째, 요엘서 2장 30절에서 "내가 이적을 하늘과 땅에 베풀리니 곧 피와 불과 연기 기둥이라"고 말씀한다. 이것은 심판이다. 예언적인 것을 통해 심판이 풀어지는 것을 더 이해하기 위해 사도행전을 보자. 베드로가 요엘서 2장을 인용하여 오순절 날에 일어난 일을 설명한다.

우리가 살아가는 이 시대는 교회에 매우 신나는 시대다. 분명히 주님이 성령의 은사들을 회복하고 계신다. 나는 은사들이 온전히 활성화될 것이라고 믿는다. 그래서 우리가 직접 본 적이 없는 2천 년 전 초대 교회 때나 과거에 교회사에서 하나님이 역사하셨던 때처럼 될 것이다. 우리가 잘 준비되어 이 신나는 때를 맞이하려면 예언적 기름 부음이 역사하는 영역들을 더 잘 이해해야 한다.

Chapter 2

# 예언적인 것의 네 가지 영역

오늘날 어떤 사람들은 성령의 은사 특히 예언을 믿지 않는다. 은사를 극단적으로 사용하는 경우를 보았거나 예언 은사, 즉 현재 하나님으로부터 말씀이 임하는 것을 부인하는 가르침을 받았기 때문이다. 세계 최대 개신교 교단의 교리를 보면 성경이 기록된 후에는 하나님이 더는 사람들에게 말씀하시지 않는다고 되어 있다. 그러나 성령의 은사는 성경적이고, 그리스도의 몸 안에서 그 기능이 멈추지 않았다.

예언은 우리에게 유익하다. 고린도전서 12장 7절에서 바울은 "각 사람에게 성령을 나타내심은 유익하게 하려 하심이라"고 말했다. 따라서 성령 안에서 생산적으로 사역하려면 예언은 필수다. 주님의 영광이 나타나려면 당신의 삶에 성령의 은사가 역사해야 한다. 하나님이 당신을 불러 명하신 모든 것을 완수하고 싶다면, 성령의 은사들을 받아들여야 한다.

우선 예언적 영역 네 가지를 살펴보자.

### 1. 성경의 예언

첫 번째 예언적 영역은 하나님의 말씀이다.

먼저 알 것은 성경의 모든 예언은 사사로이 풀 것(개인적 해석)이 아니니 예언은 언제든지 사람의 뜻으로 낸 것이 아니요 오직 성령의 감동하심을 받은 사람들이 하나님께 받아 말한 것임이라 (베드로후서 1:20-21)

베드로는 '성경의 … 예언'이라는 말로 성경이 하나님의 말씀임을 분명히 밝힌다. 성경에는 오류가 없다. 잘못이 없다. 성경이라는 예언의 영역에는 불완전함이 없다. 성경은 하나님의 감동으로 된 하나님의 말씀이다. 인간의 것이 가미되지 않은 신성한 진리다. 어떤 사람이 성경에 내용을 추가해 놓고 "내 생각에는 이런 의미야"라고 한 것이 아니다. 성경은 명백한 하나님의 말씀이다. 하나님이 말씀하셨고, 그것이 전부다. 하나님의 말씀은 예언적이다.

그러므로 사람들이 성경을 나눌 때 인식하든 못 하든 예언하는 것이고, 예언적인 첫 번째 영역에서 사역하고 있는 것이다. 즉 성경은 예언의 첫 번째 영역이다. 내가 이 책에서 성경을 인용할 때마다 당신에게 예언하는 것이다. 하나님의 말씀 전체가 예언적이다. 하나님의 말씀인 성경이 예언적 영역의 첫 번째다.

오직 이런 예언만이 온전히 성령의 감동으로 되었다고 주장할 수 있다. 예언의 다른 영역들도 성령의 감동으로 되긴 했지만, 주님으로부터 온 직접적 계시는 아니다. 다른 예언적 영역에서는 인간이 개입하여 하나님의 말씀을 설명한다. 베드로가 첫 번째 영역인 성경은 사사로이 풀고 해석할 수 없다고 한 것을 보면, 예언의 다른 영역들에서는 개인적 해석이 가능하다는 의미가 함축되어 있다.

하나님의 말씀은 가장 높고 가장 순수한 형태의 계시와 소통이다. 하나님이 사람을 통해 말씀하실 때, 이사야, 예레미야, 에스겔 등 구약의 선지자는 모두 "여호와께서 말씀하시기를"이라고 했다. 그들은 아무도 "내가 말한다"라거나 "내가 너희에게 설명할게"라고 하지 않았다. 구약의 선지자들은 자신이 하는 말을 이해하지 못했다. 그들은 이해하거나 설명할 위치가 아니었다.

나중에 주 예수님이 오셔서 우리에게 성령을 주셨을 때, 교회는 선지자들의 말을 이해하기 시작했다. 고린도전서 2장 9-10절에서 "기록된 바 하나님이 자기를 사랑하는 자들을 위하여 예비하신 모든 것은 눈으로 보지 못하고 귀로 듣지 못하고 사람의 마음으로 생각하지도 못하였다 함과 같으니라 오직 하나님이 성령으로 이것을 우리에게 보이셨으니"라고 한다. 하나님이 이사야, 예레미야 등 구약의 선지자들에게 계시하지 않고, 우리에게 계시하시기를 선택하셨다.

구약에서 하나님의 사람들이 예언할 때 자신들이 하는 말에 대해 잘 몰랐다.

> 이 구원에 대하여는 너희에게 임할 은혜를 예언하던 선지자들이 연구하고 부지런히 살펴서 자기 속에 계신 그리스도의 영이 그 받으실 고난과 후에 받으실 영광을 미리 증언하여 누구를 또는 어떠한 때를 지시하시는지 상고하니라 이 섬긴 바가 자기를 위한 것이 아니요 너희를 위한 것임이 계시로 알게 되었으니 이것은 하늘로부터 보내신 성령을 힘입어 복음을 전하는 자들로 이제 너희에게 알린 것이요 천사들도 살펴 보기를 원하는 것이니라 (베드로전서 1:10-12)

그런데 당신이 하나님의 말씀을 가르칠 때, 하나님이 무슨 말씀을 하시는지 정확히 알고 가르치니 얼마나 놀라운가? 엄청난 특권이다.

### 2. 예언의 영

두 번째 예언적 영역은 요한계시록 19장 10절에 있는 예언의 영이다.

> 내가 그 발 앞에 엎드려 경배하려 하니 그가 나에게 말하기를 나는 너와 및 예수의 증언을 받은 네 형제들과 같이 된 종이니 삼가 그리하지 말고 오직 하나님께 경배하라 예수의 증언은 예언의 영이라 하더라

'예수의 증언'이란 기름 부음 아래서 복음 메시지를 전하는 것이다. 능력 있게 복음의 메시지를 전하는 사역을 할 때 예언적 분위기가 조성된다. 이것이 성경에서 말하는 예언의 영이다. 주님의 성령께서

예언적 분위기를 주신다.

하나님의 말씀 사역이 능력 있게 이뤄지고 복음이 능력 있게 전파될 때 예언적 분위기가 임한다. 그런데 오늘날 예언 사역을 한다고 하면서도 능력이 없는 곳이 많다. 참된 예언의 은사가 역사하지 않는 곳들이 많다. 참된 예언의 은사가 없으면 다른 은사도 역사하지 않는다. 그러면 분별도, 지식의 말씀도, 지혜의 말씀도 없다. 해방도 없고, 악한 영을 쫓아내지도 못한다. 왜 그런가? 분별하지 못하는데 어떻게 악한 영을 쫓아내겠는가?

예언이야말로 가장 큰 은사다. 예언이 다른 모든 은사를 풀어놓기 때문이다. 그래서 바울이 "사랑을 추구하며 신령한 것들을 사모하되 특별히 예언을 하려고 하라"(고전 14:1)고 했다. 예언의 은사가 나타나면 다른 모든 영역이 활성화된다. 다른 모든 은사가 살아난다. 예언이 시작되면 지식의 말씀이 활성화되고, 지혜의 말씀이 활성화되고, 영 분별이 활성화되고, 방언 은사가 활성화된다. 이 모든 것이 예언으로 시작된다. 그러므로 예언이 우리 삶의 모든 영역 중에서 가장 중요하다. 그래서 모세가 "여호와께서 그의 영을 그의 모든 백성에게 주사 다 선지자가 되게 하시기를 원하노라"(민 11:29)고 말했다.

오늘날 많은 사람이 예언적인 것이 흐르기를 원하지 않는다. 예언적인 것이 무엇이며 어떻게 나타나고 흘러가야 하는지 잘 모르기 때문이다. 부분적으로 그 이유는 어떻게 예언적인 것을 통제해야 하는지 배우지 못했기 때문이다. 예언적인 것이 흐르기 시작하면 통제해야 한다. 그렇지 않으면 위험해질 수 있다. 내가 교회나 크루세이드 집회에서 강한 기름 부음 아래 있을 때면 사람들이 일어나 예언하고 싶어하는 경우가 자주 생긴다. 그럴 때 나는 "지금은 하지 마세요"라고 말한다. 왜냐하면 아직 말씀 사역 중이고, 성령은 그런 혼란을 초래하지 않으시기 때문이다. 만일 내가 그 상황을 통제하지 않으면 온갖 혼란스러운 상황이 일어날 것이고 예배와 참석자들에게 큰 피해를 줄 것이다. 바울도 고린도 교인들에게 "하나님은 무질서의 하나님이 아니시요 오직 화평의 하나님이시니라 모든 성도가 교회에서 함과 같이"(고전 14:33)라고 말했다.

왜 사람들이 예언하고 싶어할까? 설교자가 하나님의 능력 아래 복음 메시지를 전하면 사람들 안에 있는 예언적인 것이 자극받기 때문이다. 사무엘상 19장에 예언의 영이 언급되는데 이는 사울이 예언했을 때였다.

> 사울이 라마 나욧으로 가니라 하나님의 영이 그에게도 임하시니 그가 라마 나욧에 이르기까지 걸어가며 예언을 하였으며 (사무엘상 19:23)

사울 위에 임한 예언의 영이 오랫동안 머물렀다. 사무엘 선지자를 통해 흐르는 예언의 영이 그 지역 전체의 분위기에 스며들었기 때문이다.

### 3. 예언의 은사

세 번째 영역은 예언의 은사다. 고린도전서 12장에 예언의 은사가 언급되고 14장에서 더 자세히 설명한다. 예언의 은사는 목적이 제한된다. 지금은 네 번째 영역을 간단히 설명하고 다음 장에서 세 번째 영역, 예언의 은사에 대한 오해가 무엇인지 살펴보겠다.

### 4. 선지자의 직분

예언적인 것의 네 번째 영역에 관해 두 가지를 이해해야 한다. 첫째로 선지자의 직분이 있다. 둘째로 교회가 그 위에 세워진다. 에베소서 2장 19-20절이다.

> 그러므로 이제부터 너희는 외인도 아니요 나그네도 아니요 오직 성도들과 동일한 시민이요 하나님의 권속이라 너희는 사도들과 선지자들의 터 위에 세우심을 입은 자라 그리스도 예수께서 친히 모퉁잇돌이 되셨느니라

여기서 바울은 사도들과 선지자들이 교회가 세워지는 기반이라고 말한다. 또 에베소서 4장 11절에서 "그가 어떤 사람은 사도로, 어떤 사람은 선지자로, 어떤 사람은 복음 전하는 자로, 어떤 사람은 목사와 교사로 삼으셨으니"라고 한다. 이 구절을 보면 분명히 선지자의 직분이 있다.

예언한다고 다 선지자는 아니다. 많은 사람이 예언의 은사를 받아서 예언할 수 있지만, 선지자 직분과는 다르다. 선지자는 예언적인 것을 여는 문이다. 선지자가 예언적 분위기를 가져온다. 열왕기 상하에서 엘리야와 엘리사가 그랬다. 그래서 제자들에게 예언적 역사가 일어

났다. 선지자 직분은 강력한 직분이다. 하나님이 선지자들을 통해 말씀하신다.

Chapter 3

# 예언의 은사에 대한 오해들

오늘날 세 번째 예언적 영역, 즉 예언의 은사에 관하여 혼란하고 위험한 점이 많다. 본 장에서는 예언의 은사에 관한 하나님의 말씀을 살펴보겠다. 올바로 이해하려면 항상 성경에서 시작해야 한다. 먼저 바울이 고린도 교인들에게 설명한 것을 보겠다.

은사는 여러 가지나 성령은 같고 직분은 여러 가지나 주는 같으며 또 사역은 여러 가지나 모든 것을 모든 사람 가운데서 이루시는 하나님은 같으니 각 사람에게 성령을 나타내심은 유익하게 하려 하심이라 어떤 사람에게는 성령으로 말미암아 지혜의 말씀을, 어떤 사람에게는 같은 성령을 따라 지식의 말씀을, 다른 사람에게는 같은 성령으로 믿음을, 어떤 사람에게는 한 성령으로 병 고치는 은사를, 어떤 사람에게는 능력 행함을, 어떤 사람에게는 예언함을, 어떤 사람에게는 영들 분별함을, 다른 사람에게는 각종 방언 말함을, 어떤 사람에게는 방언들 통역함을 주시나니 이 모든 일은 같은 한 성령이 행하사 그의 뜻대로 각 사람에게 나누어 주시는 것이니

(고린도전서 12:4-11)

항상 성령은 은사들을 교회에 나눠주실 때 완전하고 질서 있게 하신다. 성령이 운행하실 때는 혼란이 없다. 예언의 은사는 격려하고, 세우고, 위로하기 위한 것이다. 예언의 은사는 살아 있는 불이다. 예언적인 것은 오순절에 임한 그 불이다. 그래서 다른 모든 은사를 활성화한다.

은사는 판단받아야 한다. 예언하는 사람을 판단하는 것은 허락되지 않지만, 은사를 판단하는 것은 허락된다. 이것이 매우 중요하다. 하나님께서 사용하시는 사람을 우리가 판단할 수는 없지만, 교회 안에 흐르는 은사는 판단할 수 있다.

그런데 오늘날 사람들이 혼란에 빠져서 하나님이 사용하시는 사람들을 판단한다. 우리에게는 그럴 권리가 없다. 우리는 그들이 하는 말을 판단하되, 그들 개인을 판단하지 말아야 한다. 이런 혼란이 생긴 큰 이유는 바울이 고린도전서 14장 29절에서 "예언하는 자는 둘이나 셋이나 말하고 다른 이들은 분별judge(판단)할 것이요"라고 말한 것을 오해하기 때문이다. 이 구절을 읽은 사람들이 '선지자들을 판단할 수

있다'고 생각하지만 아니다. 바울은 은사에 대해 말하고 있다. 이 본문의 영어 단어는 judge(판단하다, 분별하다)이지만, 정죄한다는 의미가 아니다. 헬라어로 '디아크리노'이며 '분별하다, 측정하다, 철저히 분리하다, 판단하다, 평가하다'라는 의미다. 우리는 사람이 하는 말이 하나님의 말씀과 일치하는지 분별해야 한다. 바울이 말한 의미를 이해하려면 그 장 전체의 문맥을 살펴봐야 한다. 바울은 성령의 은사들과 그것이 교회에서 어떻게 사용되는지에 대해 말하고 있다. 선지자 직분을 판단하라는 말이 아니다.

예수님이 마태복음 7장 1절에서 "비판judge(판단)을 받지 아니하려거든 비판하지 말라"고 하셨을 때, 비판judge은 헬라어로 '크리노'이고, '법적으로 판단하다, 정죄하다, 포고하다, 비난하다'라는 의미다. 우리는 절대로 사람을 정죄하거나 비난하지 말아야 한다. 바울은 선지자를 정죄하라고 한 것이 아니다. 예언의 말을 평가하라는 것이다.

신구약 전체 말씀을 보면, 선지자는 하나님이 직접 심판하신다. "늙은이(장로, elder)를 꾸짖지 말고"(딤전 5:1), "장로에 대한 고발은 … 받지 말 것이요"(딤전 5:19)라고 성경에서 교훈한다. 하나님의 사람을 꾸짖을 자유는 없다. 성경적으로 그럴 권리가 없다. 하나님이 세우신 직분을 공격하면 하나님이 심판하실 것이다.

바울이 "다른 이들은 분별judge(판단)할 것이요"(고전 14:29)라고 한 것은 그들이 하는 말이 '성경과 일치하는가?'라고 판단할 권리가 있다는 의미다. 성경은 항상 우리의 안전한 지침이다.

## 선지자의 직분

이제 교회에서 하는 예언 사역의 거룩한 측면에 초점을 맞추겠다. 예레미야서 1장 1-8절을 읽기 바란다. 지면 관계상 9-10절만 인용하겠다.

> 여호와께서 그의 손을 내밀어 내 입에 대시며 여호와께서 내게 이르시되 보라 내가 내 말을 네 입에 두었노라 보라 내가 오늘 너를 여러 나라와 여러 왕국 위에 세워 네가 그것들을 뽑고 파괴하며 파멸하고 넘어뜨리며 건설하고 심게 하였느니라 하시니라

예언이 없으면 이런 일은 일어나지 않을 것이다. 하나님이 역사하시기 전에 선지자를 통해 말씀하신다. 하나님이 예레미야에게 '내가 내 말을 네 입에 두어 너를 여러 나라와 여러 왕국 위에 세운다'라고 하셨다. 이는 큰 능력이며 그 증거를 오늘날 볼 수 있다. 바벨론이 어디 있는가? 앗수르가 어디 있는가? 에돔이 어디 있고 모압이 어디 있는가? 블레셋이 어디 있는가? 다 사라졌다. 멸망했다. 누가 그들을 멸했는가? 하나님이 하셨다. 어떻게? 예레미야가 말해서 그렇게 되었다. 만일 예레미야가 말하지 않았다면 하나님이 행하지 않으셨을 것이다.

무엇을 '건설하고 심게' 하신 것일까? 이스라엘이다. 앗수르인들도 사라지고, 고대 그리스인들도 사라지고, 이집트의 바로들도 사라졌지만, 이스라엘 사람들은 여전히 존재한다는 증거가 많다. 그 땅을 이스

라엘이라 부른다. 유대인들이 존재한다. 하나님이 "내가 그들을 끝내지 않을 것이다"라고 하셨기 때문이다.

다시 말하지만, 어떻게 이 모든 일이 일어났는가? 예레미야가 말했고, 하나님이 행하셨다. 예언이 핵심적이다. 선지자가 말할 때 하나님이 행하시기 때문이다.

예언적인 것이 항상 말은 아니다. 에스겔서에서 하나님이 에스겔에게 뭘 시키셨는지 보라. 에스겔이 순종해서 행하자 하나님의 심판이 임했다. 이를 보면 예언적인 것이 항상 말은 아니다. 때로는 행동으로 예언적인 것을 표현한다. 예언적 행위를 하는 것이다. 그러나 오직 선지자가 하는 예언적 행동만이 효과가 있다.

이런 종류의 예언적인 것이 이사야서 10장 27절의 기름 부음을 풀어놓는다. 나라들을 멸하고 세우는 기름 부음이다. 기름 부음의 세 영역이 있다. 요한일서 2장 27절은 마음속에서 역사하며 마음속에 거하는 기름 부음이다. 사도행전 1장 8절은 사역이나 직분을 위한 능력 기름 부음이다. 그리고 이사야서 10장 27절은 나라들을 멸하고 세우는 통치 기름 부음이다. 통치 기름 부음은 나라들을 변화시킨다.

통치 기름 부음이 앗수르를 대적했던 기름 부음이다. 이사야서 10장 27절에서 멍에가 부러진다고 했을 때, 앗수르가 멍에라는 말이다. 어떤 사람의 목에 매고 있는 멍에가 아니다. 만일 이사야서 10장 27절을 가지고 하나님이 어떤 사람의 목에 있는 멍에를 깨뜨리신다고 해석했다면, 이사야서 10장을 읽어 보기 바란다. 이스라엘을 공격하는 앗수르에 대해 하나님이 말씀하셨고, 기름 부음으로 그 멍에가 깨졌다.

그런 통치 기름 부음이 모세의 삶에 역사하여 모세가 이집트에 가서 그 땅을 멸했다. 바로 그 기름 부음이 여호수아가 약속의 땅에 들어갔을 때 역사했다. 그때 여호수아 위에 임한 통치 기름 부음이 너무나도 강력해서 여호수아가 태양에 정지하라고 명령할 정도였다. 얼마나 놀라운 통치 기름 부음인가? 나라들의 운명에 영향을 미칠 정도다.

예레미야의 예언과 행동도 마찬가지다. 통치 기름 부음이 예레미야를 통해 역사하기 시작하여 마침내 앗수르와 바벨론을 멸했다.

로마 제국은 한 가지 이유로 무너졌다. 바울이 로마에 가서 말씀을 전했기 때문에 온 제국이 멸망했다. 그렇게 되었다. 바울은 온 제국을 무너뜨리고 교회를 세우기 위해 로마에 가야 했다.

하나님이 기름 부음의 비밀과 예언적인 것의 비밀을 우리에게 계시해 주신다. "귀 있는 자는 성령이 교회들에게 하시는 말씀을 들을지어다"(계 2:29).

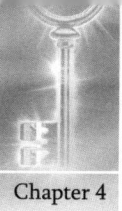

Chapter 4

# 선지자와 하나님의 구속 계획

우리는 선지자가 필요하다. 어떤 사람들은 예언한다. 반면에 어떤 사람들은 선지자다. 예언의 은사로 활동하는 사람과 선지자의 직분으로 활동하는 사람은 뚜렷이 다르다. 예수님이 교회에 주신 5중 은사 중에서 선지자는 두 번째 직분으로 중요한 직분이다.

그가 어떤 사람은 사도로, 어떤 사람은 선지자로, 어떤 사람은 복음 전하는 자로, 어떤 사람은 목사와 교사로 삼으셨으니 이는 성도를 온전하게 하여 봉사의 일을 하게 하며 그리스도의 몸을 세우려 하심이라 (에베소서 4:11-12)

성경에서 이사야, 예레미야, 에스겔처럼 선지자가 예언할 때 하나님의 구속 계획이라는 큰 틀 안에서 예언했다. 주제가 이스라엘의 죄나 구속, 그 무엇이든 하나님의 구속 계획을 다루는 예언을 했다. 이스라엘의 죄 때문에 심판이 임한다고 선지자들이 선언한 후, 하나님이 이스라엘을 심판하려고 바벨론 등의 나라들을 사용하신다고 말씀하신 후에도, 선지자들이 한 모든 말은 여전히 이스라엘에 대한 하나님의 구속 계획 범위 안에 있었다.

성경 말씀에 따르면 하나님이 앗수르, 바벨론, 메데와 바사 등의 나라들을 일으키셨다. 하나님의 목적을 이루기 위해서였다. 하나님이 앗수르를 심판의 몽둥이로 사용하셔서 이스라엘의 우상 숭배를 벌하셨다. 또 앗수르를 사용하셔서 이스라엘을 보존하셨고 마침내 이스라엘을 회복하셨다.

하나님이 바벨론도 그렇게 하셨다. 느부갓네살왕을 일으키셔서 유다를 심판하시고 정결하게 하셨다. 나중에 메데와 바사를 사용하셔서 이스라엘 백성을 원래의 땅으로 돌아가게 하셨다. 이 모든 것이 하나님의 구속 계획이었다.

하나님이 고레스도 하나님의 구속 계획을 위해 일으키셨다. 고레스가 왕좌에 오르기 수백 년 전에 이사야서 45장의 예언적 말씀에 고레스가 언급되었다. 하나님이 이사야를 통해 예언하시기를 고레스가 이스라엘을 본토로 회복시키고 성전 재건을 도울 거라고 하셨다. 여기서 공통분모는 하나님의 백성에 대한 하나님의 구속 계획이다. 예언은 항상 하나님의 구속 계획이라는 틀 안에 머문다.

예언적인 네 영역 모두가 구속의 틀에서 벗어나지 않는다. 어느 모로 보든 성경은 구속의 이야기다. 창세기 12장 10-20절에서 아브라함이 이집트에 들어가는 이야기를 보라. 하나님은 아브라함이 집을 떠나 약속의 땅에 들어가게 하셨고, 그다음에 이집트로 가게 하셨다. 아브라함이 바로에게 사라가 누이라고 한 이야기를 들었을 것이다. 바로가 사라를 차지하려고 죽일까 봐 무서웠기 때문이다. 아브라함이 한 말은 사실이다. 사라는 아브라함의 이복 여동생이자 아내였다. 둘은 아버지가 같았다. 그런데 하나님은 오히려 바로를 사용해 아브라함을 축복하셔서 금과 은을 받게 하셨고 아브라함은 성지에서 부자가 되었다. 이것도 하나님의 구속 계획을 보여 준다.

이삭의 삶도 하나님의 구속 계획을 보여 주는 예다. 창세기 26장 1-16절에 이삭과 블레셋 왕 아비메렉의 이야기가 나온다. 아비멜렉은 이삭을 보호해 주겠다는 언약을 맺었다. 이번에도 하나님은 하나님을 섬기지 않는 왕을 사용해서 하나님의 구속 계획이 그 왕을 통해 이뤄지게 하셨다.

요셉의 삶도 하나님의 구속 계획이 이뤄지는 세 번째 예다. 창세기 37~50장에 요셉의 이야기가 나온다. 요컨대 하나님이 바로를 사용해서 요셉을 축복하셨고 자기 백성을 다시 구원하셨다. 이런 예들을 보면, 모든 이방인 왕을 하나님이 일으키셔서 이스라엘에 대한 하나님의 구속 계획을 이루셨다.

하나님이 블레셋과 강한 장수 골리앗이 존재하게 허락하셔서 결국 다윗이 있게 하셨다. 하나님이 블레셋을 사용해서 다윗을 목자에서 용사로, 왕으로 높이셨다. 하나님이 적의 군대와 장수를 사용해서 하나님의 구속 계획을 이루셨다. 구속을 염두에 두고 성경을 읽으면, 하나님이 없는 사람들을 어떤 자리에 세우셔서 하나님의 구속 계획을 이루게 하시는 것을 거듭해서 볼 수 있다.

    이 모든 경우에 임한 예언의 말씀은 구속 계획의 틀 안에 머물렀다. 그러므로 구속의 범위 밖으로 나가는 예언적인 것은 하나님의 말씀 밖으로 나가는 것이다.

Chapter 5

# 통치 기름 부음 이해하기

나는 세상을 거대한 퍼즐로 본다. 최근에 그 조각들이 하나씩 맞춰지는 것 같다. 이사야서 10장 27절의 통치 기름 부음을 이해하면 우리가 견디고 있는 시대와 때를 좀 이해할 수 있고, 앞으로 펼쳐질 시대에 우리 각자의 전략적 위치도 이해할 수 있을 것이다.

앞서 2장에서 말했듯이, 이사야서 10장 27절의 기름 부음이 있는 사람은 극소수다. 모세, 여호수아, 이사야, 예레미야, 에스겔, 엘리야, 엘리사와 구약에 나오는 소수의 사람들이다. 하나님이 나라를 세우거나 멸할 때 대변인으로 사용하여 예언하게 하신 그 사람들 위에 통치 기름 부음이 있었다.

이 희귀한 기름 부음이 무엇인지 더 잘 이해하기 위해 다음의 성경 구절을 더 자세히 살펴보자.

그 날에 그의 무거운 짐이 네 어깨에서 떠나고 그의 멍에가 네 목에서 벗어지되 기름진 까닭에 멍에가 부러지리라 (이사야 10:27)

이 구절과 이 구절에서 언급하는 멍에에 대한 오해가 있지만, '기름진anointing(기름 부음)'에 초점을 맞추자. '기름진'으로 번역된 히브리어 단어는 '쉐멘'이며, 향기 나는 특별한 종류의 올리브기름을 말한다. 이는 풍부함과 희귀함을 의미한다. '기름진, 기름 부음'으로 번역된 히브리어는 성경에서 여기에만 사용된다. 구약의 다른 본문에서는 '미스카흐'가 직분의 기름 부음을 의미하는 단어로 가장 많이 사용된다. 반면에 쉐멘은 향기 나는 값비싼 기름이다.

통치 기름 부음은 전 세계적인 변화를 일으킬 잠재력이 있다. 그리고 나라들을 무너뜨리고 나라들을 세우며, 하나의 정부를 무너뜨리고 다른 정부를 그 자리에 세울 능력이 있다. 이런 수준의 사건들은 흔하지 않으며, 그런 거대한 변화를 일으키는 능력은 엄청나고 경이롭기까지 하다. 이것은 가볍게 다룰 힘이 아니다. 그러므로 함부로 주시지 않는다. 사역을 위한 기름 부음을 모든 사람에게 주지 않으시고, 주님의 임재 안에 보낸 시간을 통해 신실하고 진실함이 증명된 사람들에게만 주시듯이 통치 기름 부음도 그렇다.

거하는 기름 부음은 구원받을 때 모든 신자에게 주신다. 능력 기름 부음은 하나님이 믿고 맡길 수 있는 사람에게 주신다. 사역을 위한 능력 기름 부음을 위해 값을 치른 사람에게 주신다. 반면에 통치 기름 부음은 선택된 극소수에게만 주신다. 손에 꼽을 정도로 극소수의 선지자들만 이 수준에 이르렀다. 그럴 만한 이유가 있다. 큰 능력에는 큰 책임이 따르기 때문이다. 모세, 이사야, 에스겔처럼 그 수준의 책임감을 보여 준 사람들만 이 무거운 통치 기름 부음의 두루마기를 입을 수 있다.

나는 우리가 기름 부음의 엘리야 영역에 들어가고 있다고 믿는다. 엘리야 영역은 우리가 이 땅에서 아직 충만히 보지 못한 영역이다. 우리는 한 단면만을 보았고 그 계절이 왔다가 갔다. 그 계절이 임했지만 오래 머물지 않았다. 그러나 앞으로 우리는 엘리야 시대에 곧 들어갈 것이고, 그때 하나님의 엄청난 능력이 이전 어느 때보다 많이 나타날 것이다. 그 계절에 나라들이 엄청나게 흔들려서 정부들이 전 세계적으로 재배치되는 것으로 보일 정도다. 당신의 삶에 순수한 기름 부음이 있어야 그런 때에 당신 자신을 지킬 수 있다.

성경을 보면 퍼즐이 맞춰진다. 세상에 일어나는 일을 주님의 예언의 말씀에 맞춰 볼 수 있기 때문이다. 먼저 이스라엘에 일어나는 일을 살펴보자. 내가 태어난 곳이 이스라엘이라서가 아니라 이스라엘은 예언의 음성이기 때문이다. 예언의 음성은 미국이나 러시아나 중국이 아니라 이스라엘이다. 이스라엘을 봐야 할 뿐 아니라 유럽 특히 영국에서 일어나는 일도 봐야 한다. 성경에 어느 나라가 예언되었는가를 볼 때 미국이 초점이 아니다. 그런 면에서 미국의 역할은 비교적 작다. 미국의 역할이 있긴 하지만 크지는 않다. 성경의 예언에 따르면, 세계에 대한 하나님의 계획에서 지금 미국은 주변부로 밀려나고 있다. 그래도 미국이 매우 짧은 기간 동안 하는 역할이 있을 것이다. 성경의 예언 속에서 미국이 어떤 위치에 있는지에 대해 다음 책에서 쓰려고 한다.

이를 거대한 퍼즐로 보아야 하고 그 중심에 성경이 있다. 모든 것을 하나님 말씀의 안경으로 보기 시작할 때 퍼즐을 올바로 맞출 수 있다. 먼저 성경을 공부해서 이스라엘에 대해 배우고, 세계에서 이스라엘의 위치와 이스라엘에서 일어난 사건들에 대해 배워야 한다. 예언적인 것의 첫 영역인 하나님의 기록된 말씀을 통해 먼저 배우라. 그런 후에 다른 나라들에 대해 배울 수 있고, 다른 나라들이 성경 속에서 어떤지 배울 수 있다. 그래도 아직 그림이 완전하지 않았다. 갈수록 더 많은 것이 계시될 것이다. 그런 과정에서 예언이 계시되기 때문이다. 하나님이 이뤄 가시는 계획 속에서 당신의 자리를 이해할 필요가 있다.

> 형제들아 때와 시기에 관하여는 너희에게 쓸 것이 없음은 주의 날이 밤에 도둑 같이 이를 줄을 너희 자신이 자세히 알기 때문이라 그들이 평안하다, 안전하다 할 그 때에 임신한 여자에게 해산의 고통이 이름과 같이 멸망이 갑자기 그들에게 이르리니 결코 피하지 못하리라 형제들아 너희는 어둠에 있지 아니하매 그 날이 도둑 같이 너희에게 임하지 못하리니 너희는 다 빛의 아들이요 낮의 아들이라 우리가 밤이나 어둠에 속하지 아니하나니 그러므로 우리는 다른 이들과 같이 자지 말고 오직 깨어 정신을 차릴지라 자는 자들은 밤에 자고 취하는 자들은 밤에 취하되 우리는 낮에 속하였으니 정신을 차리고 믿음과 사랑의 호심경을 붙이고 구원의 소망의 투구를 쓰

자 하나님이 우리를 세우심은 노하심에 이르게 하심이 아니요 오직 우리 주 예수 그리스도로 말미암아 구원을 받게 하심이라 (데살로니가전서 5:1-9)

하나님이 우리에게 빛을 주셔서 시기를 알게 하신다. 빛 가운데 걸으면 이해력에 빛이 비춰어 성경이 예언적으로 계시하는 것을 분명히 보고 이해할 수 있다.

읽어 볼 다음 본문은 데살로니가후서다. 데살로니가전서 5장과 어떻게 맞아 들어가는지 살펴보자.

형제들아 우리가 너희에게 구하는 것은 우리 주 예수 그리스도의 강림하심과 우리가 그 앞에 모임에 관하여 영으로나 또는 말로나 또는 우리에게서 받았다 하는 편지로나 주의 날이 이르렀다고 해서 쉽게 마음이 흔들리거나 두려워하거나 하지 말아야 한다는 것이라 누가 어떻게 하여도 너희가 미혹되지 말라 먼저 배교하는 일이 있고 저 불법의 사람 곧 멸망의 아들이 나타나기 전에는 그 날이 이르지 아니하리니 그는 대적하는 자라 신이라고 불리는 모든 것과 숭배함을 받는 것에 대항하여 그 위에 자기를 높이고 하나님의 성전에 앉아 자기를 하나님이라고 내세우느니라 내가 너희와 함께 있을 때에 이 일을 너희에게 말한 것을 기억하지 못하느냐 너희는 지금 그로 하여금 그의 때에 나타나게 하려 하여 막는 것이 있는 것을 아나니 불법의 비밀이 이미 활동하였으나 지금은 그것을 막는 자가 있어 그 중에서 옮겨질 때까지 하리라 그 때에 불법한 자가 나타나리니 주 예수께서 그 입의 기운으로 그를 죽이시고 강림하여 나타나심으로 폐하시리라 악한 자의 나타남은 사탄의 활동을 따라 모든 능력과 표적과 거짓 기적과 불의의 모든 속임으로 멸망하는 자들에게 있으리니 이는 그들이 진리의 사랑을 받지 아니하여 구원함을 받지 못함이라 이러므로 하나님이 미혹의 역사를 그들에게 보내사 거짓 것을 믿게 하심은 진리를 믿지 않고 불의를 좋아하는 모든 자들로 하여금 심판을 받게 하려 하심이라

(데살로니가후서 2:1-12)

바울은 주님 재림 전에 두 가지가 일어나야 한다고 말한다. 첫째는 배교이고, 둘째는 불법의 사람이 나타남이다. 바울은 약 2천 년 전에 데살로니가 사람들에게 준비되어 있으라고 말했다. 그래서 그들이 뭔가 볼 것을 기대했지만, 모두 죽었고 그 일이 일어나는 것을 보지 못했다. 그러나 나는 우리 세대가 그것을 볼 것으로 믿는다.

Chapter 6

# 통치 기름 부음에 대한 계시

하나님의 귀한 말씀 전체에 나라를 정복하거나 세우는 통치 기름 부음의 예들이 있다. 세상을 바꾼 인물들이 성경에 기록되었고 이어서 놀라운 지도자들이 교회사 속에 나타나는 일이 20세기까지 있었다. 이번 장에서는 통치 기름 부음의 예가 되는 사람들을 살펴보겠다. 그들을 선택한 이유는 통치 기름 부음으로 세상에 큰 영향을 미쳤기 때문이다.

### 성경에 나타난 통치 기름 부음의 예들

물론 주 예수님도 이 기름 부음으로 행하셨지만, 주 예수님은 하나님의 모든 기름 부음이 충만하셨다. 그분은 기름 부음 받은 자, 그리스도이시기 때문이다. 한편 기름 부음 받은 그릇인 성경 인물들 안에 예수님이 임재하셨다. 통치 기름 부음을 가장 먼저 보여 준 사람부터 살펴보자.

### 모세

모세에게 임한 통치 기름 부음이 이스라엘 자손을 해방하고 이집트 군대를 무찔렀다. 구약의 최고 선지자 모세가 하나님의 능력을 위임받아 행사하는 가운데 하나님께서 열 가지 재앙을 내리셨고, 그 절정은 이집트 장자들의 죽음이었다. 그로 인해 히브리인들은 노예 생활에서 해방되었고 이스라엘 나라가 탄생했다. 반면에 이집트에서는 많은 사람이 죽었다. 통치 기름 부음이 나타나자 한 나라가 무너졌고 다른 한 나라는 세워졌다.

### 여호수아

모세의 예언적 후계자 여호수아는 뜨거운 헌신의 사람이었고 힘과 용기가 있어서 하나님이 정하신 지도자의 자리로 높임을 받았다. 여호수아는 신생 국가 이스라엘을 이끌어 약속의 땅을 정복하기 위해 나섰다. 여호수아서 1장 5절에서 하나님이 여호수아에게 말씀하신다. "네 평생에 너를 능히 대적할 자가 없으리니 내가 모세와 함께 있었던 것 같이 너와 함께 있을 것임이니라 내가 너를 떠나지 아니하며 버리지 아니하리니." 여호수아는 전에 노예였던 사람들과 그 후손을 지휘하여 나라들을 제거하는 광범위한 전쟁을 수행하여 열두 지파가 살 땅을 얻었다. 여호수아를 통해 역사하는 통치 기름 부음의 능력으로 능히 할 수 있었다.

### 드보라

드보라도 인정할 만한 능력자다. 드보라는 강력했다. 여호수아가 임기를 마친 후, 이스라엘의 초기 사사 중 한 명인 여선지자 드보라도 하나님의 백성을 이끌었다(삿 4~5장 참조). 드보라는 아비노암의 아들 바락에게 야빈의 군대를 치러 올라가라는 예언적인 말을 했다. 바락은 용사이지만, 드보라가 같이 가지 않으면 가지 않겠다고 했다. 결국 바락이 야빈의 군대를 무찔렀고 야빈의 지휘관 시스라는 야엘이라는 여인에게 죽임을 당했고, 야엘은 드보라의 승전가에서 칭송받았다(삿 5장 참조). 이 사건에서 통치 기름 부음이 충만히 역사하여 이스라엘을 위해 야빈의 나라를 무너뜨렸다.

### 기드온

저울질하며 주저하는 선지자이자 스스로 말하기를 가장 작은 유다 지파에서도 가장 작은 자 기드온이지만, 그는 하나님께 선택되었다. 기드온은 하나님께 받은 부르심을 증명해 보였고 통치 기름 부음을 받았다. 기드온은 그렇게 되도록 디자인되고 그렇게 될 운명이었다. 사사기 7장에 기드온이 거대한 미디안 군대를 이긴 이야기가 나오는데, 처음에 3만 2천 명이 자원한 막강한 군대를 지휘하다가 군인 수를 3백 명으로 줄여서 이겼다. 하나님의 능력이 기드온을 통해 흘러서 무너뜨리고 세우고 장악했다.

### 삼손

삼손은 이스라엘의 용사다. 삼손은 초자연적인 육체의 힘이 있었고 하나님과 맺은 언약 속에서 행했다. 즉 삼손은 태중에서부터 하나님께 바쳐진 나실인이었다. 불임이던 어머니에게 주님의 천사가 찾아와서 아들을 낳을 거라고 했다. 천사는 삼손의 머리를 깎지 말 것과 삼손이 앞장서서 이스라엘을 블레셋의 손에서 구한다고 했다(삿 13:1-5 참조). 그래서 삼손은 블레셋 시대에 20년 동안 이스라엘을 이끌었다. 삼손의 삶에 통치 기름 부음이 강했다. 한번은 주님의 성령이 삼손에게 임하자 당나귀의 턱뼈로 블레셋 사람 2천 명을 죽이기도 했다. 심지어 삼손이 정욕에 빠져 들릴라와 죄를 짓고 들릴라가 삼손의 머리카락을 자른 후에도 하나님께서 삼손을 강력하게 사용하시는 것은 끝나지 않았다. 즉 삼손이 힘을 잃고 포로가 되어 눈멀고 쇠사슬에 묶여 있을 때도 다곤의 신전 기둥을 무너뜨려서 그곳에 있던 블레셋 사람 3천 명을 죽였다. 하나님이 삼손의 힘을 회복하셔서 평생 죽인 것보다 많은 블레셋 사람을 그때 죽였다(삿 16장 참조).

### 다윗

다윗은 주일 학교 설교에 자주 등장하는 인기 있는 영웅이지만, 블레셋의 거인 골리앗을 물리친 소년 용사 이상이다. 다윗은 창조자 하나님을 보호자와 친구로 섬기며 절대적으로 의지하고 사랑하는 하나님과의 개인적 관계가 있었다. 하나님은 다윗과 교제하셨고, 다윗은 주님이자 왕이신 하나님을 알았다.

다윗이 어린 목자였을 때 사무엘 선지자가 이스라엘의 왕으로 다윗에게 기름 부었다. 다윗의 아버지 이새조차 다윗의 잠재성을 몰라봤다. 이새는 다윗을 왕의 후보로도 보지 않았다. 사무엘 선지자도 하나님이 눈을 열어 주시기 전에는 몰랐다. 이는 사람들이 어떤 사람을 목동으로 볼 때 하나님은 왕으로 보시는 좋은 예다. 또한 선지자였던 다윗은 이스라엘의 적들과 전쟁할 때 강력한 통치 기름 부음 안에서 행했다. 그래서 강력한 왕 다윗의 통치가 끝나갈 무렵에는 다윗과 이스라엘 온 나라가 적들에게서 벗어나 안식을 누렸다.

### 엘리야

엘리야는 하늘에서 불을 불러 내렸다. 강력한 디셉 사람 선지자 엘리야가 성경에 처음 등장한 것은 열왕기상 17장 1절이다. 엘리야는 아합과 이스라엘 나라를 심판하는 예언적 말씀을 선포했다. "내 말이 없으면 비가 내리지 않을 것이다." 3년의 가뭄 속에서 가장 극적인 대결이 갈멜산에서 있었고, 엘리야가 바알의 선지자들을 멸했다. 열왕기하 1장을 보면, 통치 기름 부음의 강력한 권위가 엘리야의 삶과 사역에 나타났고, 열왕기하 2장 11절에서 엘리야의 두루마기가 후계자 엘리사에게 전달되었다.

### 엘리사

엘리사는 엘리야 곁에서 떠나지 않으려고 했다. 스승 엘리야의 두루마기를 받을 수 있다는 것을 알았기 때문이다. 그런데 불 말들과 불 병거가 나타나 두 사람 사이를 갈라놓았고, 엘리야는 회오리바람을 타고 하늘로 올라갔다. 엘리야가 하늘로 들려 올라갈 때 두루마기가 떨어졌고, 엘리야 선지자의 통치 기름 부음이 이제 엘리사 위에 임했다. 엘리사가 엘리야의 옷을 가졌기 때문이다. 엘리사는 평생 통치 기름 부음 안에서 행했다. 그래서 시체가 엘리사의 뼈에 닿자 죽은 사람이 살아나 일어서기도 했다. 죽은 선지자의 뼈에도 아직 충분한 능력이 있었기 때문이다.

### 베드로

예수 그리스도의 제자 베드로 사도는 성령이 부어진 오순절 날에 통치 기름 부음으로 활동하기 시작했다. 사도행전 2장 14절에서 베드로의 설교가 시작되어 41절에서 급기야 3천 명이 구원받았다. 베드로의 권세가 너무나도 강력한 나머지 사람들이 병자를 침상에 눕혀 길가에 두고 베드로의 그림자라도 덮이기를 바랐다. 베드로가 예수 그리스도에 대해 받은 계시 위에 교회가 세워진다고 예수님이 예언하셨듯이, 베드로는 초대 교회 신자들의 중요한 지도자였고 예수 그리스도의 복음으로 세상을 뒤집었다.

### 바울

사울은 다소에서 태어난 이스라엘 사람이었고 베냐민 지파였으며 로마 시민권자였다. 바리새인 훈련을 받은 사울은 그리스도인들을 박해했다. 스데반을 돌로 쳐죽이는 현장에 사울도 있었다. 그러다 다메섹으로 가는 길에서 부활하신 예수님을 만나고 잠시 눈이 멀었다가 극적으로 회복되었다. 사울이 바울이라는 새 이름으로 바뀌고 사도행전 전체에서 통치 기름 부음이 나타나 세계 역사에서 중요한 자리를 차지하게 되었다. 바울 사도의 선교 여행으로 나라들의 운명이 바뀌었다. 바울이 초대 교인들과 지도자들에게 성령의 감동으로 쓴 편지들이 신약 성경의 큰 부분을 이루었고 오늘날 전 세계 그리스도인들의 삶에 지침이 되었다.

## 세상을 바꾼 교회사 속의 예들

초대 교회 이후 세대마다 하나님이 임명하신 사람들이 희귀한 통치 기름 부음을 받았다. 주목할 만한 몇몇 예를 들겠다. 당신이 잘 아는 사람도 있을 것이고 모르는 사람도 있을 것이다. 모르는 사람이든 아는 사람이든 그들은 뚜렷한 영향을 미쳤다.

### 얀 후스 Jan Hus

14세기의 개혁자 얀 후스를 통해 통치 기름 부음이 흘러서 서유럽의 면모를 바꾸었고 종교개혁의 길을 닦았다. 그가 이 땅에 존재했기 때문에 세계 교회의 방향이 바뀌었다.

후스는 가톨릭교회의 불경건한 관행을 비판했다. 돈으로 참회하는 것, 직위와 성물을 파는 행위 등이다. 후스는 파문되어 2년 동안 유배되었다. 이 기간에 교회에 관해 논하는 《교회 De Ecclesia》를 썼고, 독일에서 콘스탄츠 공의회에 회부되어 수감되었지만, 주장을 철회하지 않았다. 그는 "예배당 가득히 금을 준다 해도 진리와 바꾸지 않겠다"고 말했다.

후스는 이단이라는 죄목으로 1415년에 처형되었다. 그는 죽기 전에 "지금은 너희가 거위를 태우지만, 백 년 후 구울 수도 삶을 수도 없는 백조가 나타날 것이다"¹라고 예언했다. 그 예언에 감동한 마틴 루터가 백조를 자신의 상징으로 채택했고 지금도 많은 루터교 교회에서 사용하고 있다.

### 마틴 루터 Martin Luther

약 백 년 후 그 백조가 나타났다. 마틴 루터가 독일 비텐베르크에 있는 캐슬 교회 문에 95개 조항의 논제를 못박아 걸었다.

마틴 루터는 통치 기름 부음 아래 활동한 개신교 종교개혁의 중요 인물이다. 루터는 가톨릭 수도원에서 공부하면서 성경의 원리를 발견하고 확신했다. "의인은 믿음으로 말미암아 살리라"(합 2:4, 롬 1:17, 갈 3:11, 히 10:38)는 것이었다.

후스처럼 루터도 가톨릭교회의 불경건한 관행을 비판하면서 동의할 수 없는 부분들(95개 조항의 논제)을 1517년에 비텐베르크 교회 문에 못박았다. 그 라틴어 사본이 유럽 전역에 퍼져서 개신교 운동에 불을 붙이자 강력한 통치 기름 부음이 계속해서 흘러갔다. 루터는 가톨릭 교회에서 파문되어 성경에 기반한 새 교회를 개척했고 '내 주는 강한 성이요'와 '그 어린 주 예수 눌 자리 없어' 등 많은 찬송가를 지었다.

루터가 성령의 감동으로 믿은 것은 모든 신자가 성경을 접할 수 있어야 한다는 것이었다. 그래서 성경을 독일어로 번역해서 1536년에 출판했다. 루터는 1546년에 죽었고 비텐베르크 올 세인츠 교회에 묻혔다. 그곳은 30년 전에 루터가 95개 조항의 논제를 붙였던 곳이다.

### 윌리엄 틴데일 William Tyndale

'빛이 있으라'의 영어 표현인 'Let there be light!'가 영어 성경의 첫 부분에 나온다. 이 강력한 표현을 윌리엄 틴데일이 처음 썼다. 그가 처음 도입한 또 다른 영어 성경 용어로는 유월절Passover, 속죄atonement, 유명한 'judge not that ye be not judged(비판을 받지 아니하려거든 비판하지 말라)'가 있다. 그는 1494년경에 영국에서 태어나 옥스퍼드에서 교육받았는데 신학과 여러 언어에 재능이 있었다. 틴데일은 마틴 루터와 동시대

사람이었고, 루터처럼 틴데일도 통치 기름 부음 아래 활동하며 보통 사람이 성경을 접할 수 있게 하였고, 유럽과 세계의 면모를 바꾸었다.

그 당시에는 가톨릭교회가 허가하지 않은 성경을 소유하는 것은 불법이었다. 그러나 히브리어, 헬라어, 라틴어에 능통했던 틴데일은 1525년경에 성경 번역을 시작해서 10년 동안 유럽에 숨어 지내며 완성했다. 그러나 1535년에 친구에게 배신당한 그는 이단이라는 죄목으로 체포되어 영국으로 압송되었고 1536년에 유죄 판결을 받고 처형되었다.

틴데일의 업적을 통해 통치 기름 부음이 계속 흐르고 있다. 틴데일의 성경 번역이 없었다면 오늘날 수많은 성경 번역본들이 존재하지 않았을 것이다. 《킹 제임스 성경》이 1611년에 출간되었는데 학자들에 따르면, 그 내용의 사분의 삼 이상이 틴데일의 번역에서 왔다고 한다.

### 존 웨슬리 John Wesley

존 웨슬리 안에서 충만하게 역사한 통치 기름 부음으로 현대 세계가 변화되었다. 그는 자신을 "불에서 꺼낸 그슬린 나무"(슥 3:2)라고 불렀다. 1709년 웨슬리가 다섯 살일 때 불난 집 안에 갇혀 있었는데 한 사람이 다른 사람의 어깨에 올라가 웨슬리를 창밖으로 끄집어냈기 때문이다. 신학자이자 전도자인 존 웨슬리는 동생 찰스 웨슬리와 함께 영국 교회에 부흥 운동을 일으켰고 그로 인해 감리교가 탄생했다.

웨슬리는 깊은 신앙 체험 후에 '마음이 이상하게 뜨거워져서'[2] 말을 타고 전국을 다니며 믿음과 은혜로 '모든 것을 모두에게 거저 주는[3] 구원을 전파했다. 웨슬리 형제는 1739년에 영국 감리교를 창설했고, 신자들은 대성당이 아니라 작은 예배당에 모이면서 빈민 구제에 적극적으로 나섰다.

웨슬리는 누구나 구원받을 수 있다고 전했고 노예제도를 강력히 반대했다. 웨슬리는 능력 기름 부음으로 사역했고 그의 노예 폐지론 가르침이 미국과 유럽의 많은 사람에게 영향을 미쳤다. 그는 1791년에 팔십사 세를 일기로 죽으면서 "모든 것 중에 가장 좋은 것은 하나님이 우리와 함께 계신다는 것이야"[4]라는 유언을 남겼다.

### D. L. 무디 D. L. Moody

드와이트 라이먼 무디는 자기는 정말로 전도자, 성경 교사, 하나님의 기름 부음 받은 자가 되기는 고사하고 그리스도인도 되지 않을 것 같은 사람이었다고 고백했다. 1837년 매사추세츠주에서 가난하고 어려운 가정에 태어난 무디는 1855년에 주일학교 선생님으로부터 하나님이 너무나 사랑하신다는 말을 듣고 그리스도인이 되었고, 구원받은 후 사역하게 되었다. 무디는 통치 기름 부음으로 행하며 교인들에게 불굴의 헌신을 보여 놀라운 교회 성장이 일어났다. 아브라함 링컨 대통령도 그 교회의 주일학교에서 메시지를 전한 적이 있다. 남북전쟁 중에 무디는 자주 전쟁터에 가서 지친 군인들을 위로하고 격려했다. 그는 1864년에 시카고에서 일리노이 거리 교회를 개척했다. 그러나 1871년에 시카고 대화재가 일어나 교회와 무디의 집이 불탔고, 남은 건 성경과 명성뿐이었다. 그 후 몇 년 동안 능력 기름 부음의 인도를 따라 미국 전역과 영국, 심지어 스웨덴까지 가서 복음을 전했고 그의 집회에 수천 명이 참석하는 일이 자주 있었다. 그랜트 대통령과 각료들도 무디의 예배에 참석한 적이 있고 개인적으로 만나기도 했다.

무디는 매사추세츠주로 돌아가서 사역자들을 위한 여러 콘퍼런스를 열어서 신자들에게 사명을 감당하라고 격려했다. 무디는 1899년 미주리주 캔자스 시티에서 마지막 설교를 했고 한 달 후 죽었다. 무디 성경 연구소MBI가 1886년에 설립되어 정식으로 인가받은 대학교가 되었고 일리노이주, 미시간주, 워싱턴주 이 세 곳의 캠퍼스에서 매년 수천 명의 학생을 섬기고 있다. 무디 라디오, 71개 복음주의 방송국, 디지털 방송으로도 계속 복음이 전해지고 있다. MBI의 부속 기관인 무디 출판사도 여전히 활발하게 수많은 저명한 저자들의 책을 출간하며 기독교 자료로 세계의 여러 사역을 지원하고 있다.

### 앨버트 벤자민 A. B. 심슨Albert Benjamin A. B. Simpson

불이 불을 낳는다. A. B. 심슨은 불붙은 사람이었다. 그는 전도 방법에 일대 혁신을 가져왔다. 즉 보통 사람에 초점을 맞추고 세계 선교를 지향했다. 그에게 임한 능력 기름 부음이 세계를 변화시켰다.

청교도적 이상을 가진 엄한 가정에서 자란 캐나다의 십 대 소년 심슨은 1859년에 믿음의 발걸음을 내디뎠다. 그는 수백 명을 '믿음의 선교사'로 훈련해 세계로 파송했던 아일랜드의 전도자 헨리 기니스Henry Guinness의 영향을 받았다. 후에 켄터키주 루이빌에서 목회하던 심슨은 '보통 사람'에게 다가가는 소박한 장막 교회를 세우라는 인도를 받았다.

심슨이 북적이는 도시 뉴욕으로 이사 갔을 때, 수많은 이민자의 척박한 삶의 환경을 보고 궁휼히 여기는 마음과 영혼을 구원하려는 마음이 불같이 일어났다. 그래서 통치 기름 부음의 인도를 따라 '크리스천과 선교사 연합CAMA'을 시작했다. 이는 타 국가와 타 문화에 대한 선교 훈련 프로그램이다. 그는 그리스도의 네 가지 측면을 강조한다. '우리의 구원자, 우리를 성화시키시는 분, 치료자, 다시 오실 왕이신 예수님'[5]이다. 또한 심슨은 100곡 이상을 작곡했고 가령 '선교사의 외침' 같은 찬양은 하나님 나라의 복음을 모든 땅에 전하라고 격려한다.[6] 그는 1919년에 뉴욕에서 소천했고, 그의 글로벌 사역은 여러 사역에 영향을 미치고 있다.

## 윌리엄 프랭클린 빌리 그레이엄 William Franklin Billy Graham

큰 죄에 빠진 날 위해
주 보혈 흘려주시고[7]

이 찬송가는 미국의 전도자 빌리 그레이엄의 애창곡이다. 전 세계의 교회, 천막, 운동장, 스타디움에서 열린 4백여 번 이상의 크루세이드 집회에서 구원 초청 곡으로 자주 불렸고, 50년이 넘는 사역 동안에 3천2백만 명 이상이 결신했다.

일명 '미국의 목사'인 그레이엄은 전 세계를 다니며 사역했고 강력한 통치 기름 부음으로 정부 지도자들을 만나는 문이 열렸다. 그는 트루먼부터 트럼프까지 미국의 대통령 열세 명을 만났다. 또 엘리자베스 2세 여왕, 넬슨 만델라 등 지구촌 곳곳의 다양한 지도자들을 만났다.

그레이엄은 인권을 강력히 지지했다. 1950년대에 크루세이드 집회 참석자들을 차별하지 않는 정책을 신설했다. 마틴 루터 킹 목사를 여러 번 단상으로 초청하기도 했다. 또한 남아프리카공화국에서 인종차별을 하지 않고 청중으로 받아들일 때까지 집회를 열지 않았다.

그레이엄은 더 많은 사람이 그의 메시지를 들을 수 있도록 라디오와 텔레비전을 활용했는데, 이 미디어 사역을 통해 전 세계의 청중을 확보할 수 있었다. 그레이엄은 재정, 성, 권력 추문을 피하는 도덕 규칙이 있는 것으로 유명하다. 마이크 펜스 부통령도 자신을 지키기 위해 '빌리 그레이엄 규칙'[8]을 따랐다고 한다.

그레이엄 목사는 33권의 책을 쓴 베스트셀러 작가이며, 그중에는 자서전 《내 모습 그대로》도 있다. 그는 2018년에 노스캐롤라이나주에서 99세에 소천했다. 오늘날까지 빌리 그레이엄 전도협회는 세계적인 전도사역 단체다. 빌리의 아들 프랭클린 그레이엄이 '사마리아인의 지갑' 단체를 맡아서 전 세계에서 재난 구호와 인도주의적 지원을 하고 있다. 매년 20만 명이 빌리 그레이엄 도서관을 방문한다. 오늘날에도 그의 메시지가 온라인, 라디오, 출판물로 전해지고 있다. 그래서 빌리 그레이엄은 천국에서도 여전히 영혼들을 구원하고 있다고 할 수 있다.

### 오랄 로버츠 Oral Roberts

"각 사람의 세계로 들어가라." 하나님이 통치 기름 부음의 능력을 통해 전 세계를 변화시키는 사역을 오랄 로버츠에게 맡기시면서 이런 지침을 주셨다.

그랜빌 오랄 로버츠는 1918년에 오클라호마주에서 태어났다. 그는 미국의 대설교자가 되었다. 열일곱 살에 결핵으로 죽어갈 때 형이 그를 천막 집회에 데려갔는데 그곳에서 치유되었다. 나중에 로버츠가 말하기를, 그 집회에 가는 길에 하나님께서 "아들아, 내가 너를 치유할 거야. 그리고 너는 내 치유의 능력을 네 세대에 전할 거야"[9]라고 하셨다고 한다.

로버츠는 사역의 초점을 전도에 맞추었다. 그의 대형 천막 집회가 미국을 순회할 때 가는 곳마다 기대감이 고조되었다. 그리고 전 세계에서 집회가 열리게 되었다. 그는 크루세이드 집회를 3백 번 이상 열었고, 2백만 명이 넘는 사람들에게 안수했다. 기적들이 일어났지만, 도전도 있었다. 사람들은 그를 '믿음 치유자'라고 하면서 찬반양론을 벌였지만, 사실 그 자신은 "나는 치유자가 아닙니다. 오직 하나님만 치유하십니다"[10]라고 분명히 말했다.

로버츠는 일찍이 시민 평등권을 지지했고 집회 때 청중을 차별해 받지 말아야 한다고 주장했다. 더 많은 사람을 섬기기 위해 사역 초창기에 라디오 방송을 시작했고 이어서 텔레비전 방송도 시작해서 텔레비전 전도의 선구자가 되었다. 로버츠는 여러 권의 책을 저술했는데 포켓 크기로도 제작해서 어디서나 아무 때나 손쉽게 볼 수 있게 했다.

오랄 로버츠의 모토는 '당신에게 좋은 일이 일어날 겁니다'[11]와 '씨앗 믿음'에 대한 계시적 가르침으로 수많은 사람이 하나님은 좋으신 분이고 자기 백성을 풍성히 축복하신다는 진리를 받아들였다.

복음을 '각 사람의 세계'에 전하는 사명을 감당하기 위해 오랄 로버츠 대학교가 1963년 오클라호마주 털사에 세워졌다. 그곳의 기도 타워에서 한 팀이 50년 넘게 밤낮으로 기도 제목을 받아 하나님께 간구를 올렸다. 정식으로 인가된 이 대학교에서 수천 명의 학생이 복음을 각 사람의 세계에 전하도록 무장되었다.

로버츠는 1993년에 73세로 은퇴할 때까지 활발히 사역했고, 그 후 '사랑하는 아내 이블린'[12]과 캘리포니아로 이주했다. 그는 2009년에 91세로 소천했지만, 책, 강의 비디오, 집회 비디오, 그의 이름을 딴 대학교로 영적 유산이 이어지고 있다. 오랄 로버츠 전도협회도 계속 사역하면서 21세기와 그 이후까지 사역, 팀 파송, 도서 출판, 현장 및 온라인 강의를 이어가고 있다.

### 렉스 험바드 Rex Humbard

사역은 항상 무릎으로 시작된다. 아칸소주 시골 부흥사의 아들 알파 렉스 이매뉴엘 험바드는 그 믿음의 유산을 배웠다. 그는 믿음이 깊었고 평생 기도와 영혼 구원에 헌신했다. 그는 통치 기름 부음을 통해 75년 동안 전 세계에서 활발히 사역하였다. 라디오와 텔레비전 방송을 통해 사역하면서 전 대륙을 누볐다.

렉스 험바드는 열세 살 때부터 하나님의 인도를 받아 사역했다.

1952년에 그의 교회 갈보리 템플에서 텔레비전 전도 분야의 선구자가 되었고 복음을 위해 새 미디어를 사용하는 첫 사람이 되었다. (갈보리 템플은 오하이오주 카야호가 폴즈로 옮긴 후 내일의 대성당으로 개명되었다.) 그의 방송은 매주 1천6백 개 방송국에서 송출되었고 30년 넘게 방송되었다.[13] 유명한 프로그램으로는 '대성당 사중주'와 '험바드의 가족'이 있다.

험바드의 방송은 캐나다, 유럽, 호주, 남미, 중동, 극동, 아프리카에서 2천만 명 이상이 시청했다.[14] 그래서 전 세계에서 집회를 열면, 스타디움과 강당에 큰 무리가 모였다. 1999년에 〈US 뉴스 앤드 월드 리포트〉에서 험바드를 '20세기 미국을 건축한 25인'[15]으로 뽑았다. 그는 2007년에 플로리다에서 소천했지만, 험바드 가족은 '주를 모르는 사람들'[16]이 있는 한 영혼 구원에 매진하고 있다. 통치 기름 부음은 말을 통해 흘러가므로 오늘날에도 렉스 험바드의 사역으로 사람들이 변화되고 있다. 기독교 텔레비전 방송 분야에서 렉스 험바드에 임한 통치 기름 부음으로 세상이 영원히 변화되었다.

분명히 통치 기름 부음은 역사 속에 면면히 이어져 왔고, 지금도 선택된 신자에게 임할 수 있다. 오늘날에도 이 귀한 짐을 지는 사람들이 있다. 이스라엘 나라에도 이 통치 기름 부음이 있다. 다음 장에서는 통치 기름 부음이 임하도록 어떻게 문을 열지 알아보겠다.

Chapter 7

# 마지막 때의 통치 기름 부음

세계에서 일어나는 사건들을 면밀히 관찰하는 신자라면 역사의 시계가 마지막을 향해 달려가고 있음을 짐작할 것이다. 성경의 예언을 살펴보고 하나님의 시간표를 공부하는 사람들은 세계 역사의 의미심장한 때가 가까워지고 있음을 안다. 통치 기름 부음은 마지막 때에 초점을 맞추게 한다.

예수님께서 마지막 때의 도래를 알릴 두 사건이 있다고 제자들에게 말씀하셨다. 우리는 두 사건을 마지막 때의 '방아쇠들'이라고 부르겠다. 첫째는 마태복음 24장 32-33절이고 둘째는 누가복음 21장 24절이다.

> 무화과나무의 비유를 배우라 그 가지가 연하여지고 잎사귀를 내면 여름이 가까운 줄을 아나니 이와 같이 너희도 이 모든 일을 보거든 인자가 가까이 곧 문 앞에 이른 줄 알라 (마태복음 24:32-33)

예수님이 말씀하신 무화과나무는 이스라엘 나라를 상징한다. 무화과나무 가지가 연하고 잎사귀를 낸다는 것은 이스라엘 나라가 어릴 때 이런 일들이 일어난다는 것이다. 호세아서 9장 10절이다. "옛적에 내가 이스라엘을 만나기를 광야에서 포도를 만남 같이 하였으며 너희 조상들을 보기를 무화과나무에서 처음 맺힌 첫 열매를 봄 같이 하였거늘." 성경에서 무화과나무는 대체로 이스라엘을 가리킨다. 다음으로 요엘서 2장 22절이다. "들짐승들아 두려워하지 말지어다 들의 풀이 싹이 나며 나무가 열매를 맺으며 무화과나무와 포도나무가 다 힘을 내는도다." 포도나무는 교회다. 즉 요엘은 교회와 이스라엘 모두 장차 임할 부흥 때에 축복받을 것이라고 말한다. 나는 우리가 점점 그때에 다가가고 있다고 믿는다.

이것을 염두에 두면 첫 번째 방아쇠가 보인다. 유대인은 수천 년 동안 국토가 없다가 1948년에 유엔은 이스라엘을 국가로 인정하였다. 이 일이 일어나기 오래전에 주 예수님께서 예언하셨다. 이제 두 번째 방아쇠를 보자.

> 그들이 칼날에 죽임을 당하며 모든 이방에 사로잡혀 가겠고 예루살렘은 이방인의 때가 차기까지 이방인들에게 밟히리라 (누가복음 21:24)

누가복음 21장 24절에 따르면, 두 번째 방아쇠 사건은 예루살렘에서 일어난다. 이 구절을 보면 다윗의 왕좌가 있던 도시 예루살렘이 이스라엘의 손에서 뺏겨 일정 시간 동안 이방인들에게 맡겨질 것이다. 이 두 사건이 마지막 때를 임하게 하는 방아쇠다.

여기에 관한 예수님의 말씀을 다 인용할 수 없으므로 요약하면 이와 같다. 마태복음 24장에서 주님께서 성전에서 나가시자 사람들이 성전 건물을 주님께 보여 드렸다. 그러자 예수님이 말씀하셨다. "너희가 이 모든 것을 보지 못하느냐 내가 진실로 너희에게 이르노니 돌 하나도 돌 위에 남지 않고 다 무너뜨려지리라." 주변 벽이 아니라 성전 건물이 무너진다는 것이다.

그리고 이 일은 주후 70년에 일어났다. 이스라엘이 로마에 반역하자 로마 황제가 내려와서 보복했다. 성전이 파괴되었고, 성은 이방인의 손에 떨어져서 이방인이 이스라엘 백성을 포로로 붙잡아 다른 땅으로 보냈다.

마지막 때에 대한 연구는 다면적이고 흥미로운 주제이며 사람들은 수천 년 동안 그 신비를 풀고자 애써왔다. 예수님이 감람산에 앉으셨을 때 제자들이 무슨 징조가 있겠냐고 물었다. "주님, 당신이 오신다고 우리에게 알려 줄 징조가 무엇입니까? 세상 끝이 왔다는 징조가 무엇입니까?" 그러자 주님이 오랫동안 있어 온 징조들을 말씀하시다가 14절에서 우리가 종종 놓치는 강력한 징조를 말씀하신다. "이 천국 복음이 모든 민족에게 증언되기 위하여 온 세상에 전파되리니 그제야 끝이 오리라."

모든 나라에 복음을 전파하는 것이 성경 시대에는 가능하지 않았다. 그렇게 할 기술이 없었다. 지금은 컴퓨터와 인터넷의 등장으로 가능하게 되었지만, 아직 완전히 이뤄지진 않았다. 그러나 가능해질 때가 곧 올 것이다. 예수님은 복음이 전파되고 다 믿을 것이라고 하지 않으셨다. '모든 나라들'이 복음을 들을 것이라고 하셨다.

다음으로 주 예수님께서 무슨 일이 일어날지 우리를 위해 설명하신다. 21절에서 그때에 큰 환난이 있고 창세로부터 지금까지 이런 환난이 없었고 후에도 없을 것이라고 하셨다. 앞으로 그렇게 될 것이다. 그다음에 그날들을 감하실 것이다. 즉 육체를 가진 생명체들이 살아남지 못할 것이다. 이것도 미래에 일어날 일이다.

이제 24절에서 적그리스도, 즉 그리스도 예수와 그분 교회의 적이 등장한다. 그때 대환난이 시작된다. 30-31절에서 주 예수님이 재림에 대해 말씀하시고 32절에서 이같이 말씀하신다. "무화과나무의 비유를 배우라 그 가지가 연하여지고 잎사귀를 내면 여름이 가까운 줄을 아나니."

이해를 도와줄 역사적 사실을 살펴보면, 마태복음 24장 34절에서 예수님이 말씀하셨다. "내가 진실로 너희에게 말하노니 이 세대가 지나가기 전에 이 일이 다 일어나리라." 주께서 이 모든 세대들이라고 하지 않으시고 '이 세대'라고 하셔서 오직 한 세대에 초점을 맞추셨다. 예수님이 거짓, 기근, 지진, 전쟁의 세대들에 대해 말씀하시고 나서 이렇게 말씀하신다. "무화과나무의 비유를 배우라 그 가지가 연하여지고 잎사귀를 내면…"

유대 민족은 수천 년 동안 존재했다. 그러다 1948년에 이스라엘(무화과나무)이 어떻게 되었는가? 유엔이 나라로 인정했다. 그때 이스라엘 국가가 수립되었다. 가지와 잎사귀가 있는 나무는 좀 자란 나무다. 묘목에는 가지와 잎사귀가 없다.

예수님은 가지와 잎사귀가 생기면, 무화과나무가 빨리 성장해서 완전한 나무로 곧 바뀔 징조라고 하셨다. "이와 같이 너희도 이 모든 일을 보거든 인자가 가까이 곧 문 앞에 이른 줄 알라"(마 24:33). 그러므로 1948년이 문이다. 그때가 마지막 때의 시작이다. 그때부터 우리는 마지막 때에 있다.

예수님이 '진실로'라고 하신 것이 중요하다. "내가 진실로 너희에게 말하노니 이 세대가 지나가기 전에 이 일이 다 일어나리라"(34절). '진실로'는 이 말씀이 부인할 수 없는 진리이고 반드시 일어난다는 의미다. 예수님이 '이 세대'라고 말씀하신 의미가 무엇인지 이해하려면 창세기 15장을 봐야 한다. 한 세대가 몇 년인지 분명히 성경적인 답을 얻을 수 있다.

창세기 15장 2절에서 아브람이 하나님께 여쭙는다. "주 여호와여 무엇을 내게 주시려 하나이까 나는 자식이 없사오니." 그러자 하나님이 아브람을 데리고 나가셔서 별들을 보여 주시고 아브람과 언약을 맺으시고 약속하신다. 13-16절에 열쇠가 있다.

> 너는 반드시 알라 네 자손이 이방에서 객이 되어 그들을 섬기겠고 그들은 사백 년 동안 네 자손을 괴롭히리니 그들이 섬기는 나라를 내가 징벌할지

며 그 후에 네 자손이 큰 재물을 이끌고 나오리라 너는 장수하다가 평안히 조상에게로 돌아가 장사될 것이요 네 자손은 사대 만에 이 땅으로 돌아오리니 (창세기 15:13-16)

이 본문에서 하나님은 4백 년이 4세대라고 말씀하셨다. 이스라엘이 이집트 땅에 4백 년 있었고 네 번째 세대에 나왔으니 하나님의 기준에 따르면 한 세대는 백 년이다.

우리는 이것으로 간단한 계산을 할 수 있다. 1948년이 시작이라면 여기에 백 년을 더하면 이 세대의 끝은 2048년일 것이다. 주 예수님이 재림하시는 날이나 시각은 아무도 모른다. 그러나 때는 알 수 있다. 당신은 그때까지 몇 년이 남았는가? 요즘 1~2년 사이에 세상이 얼마나 달라지는가? 요즘은 6개월마다 지식이 두 배로 늘어난다고 한다. 오늘날 세상이 빨리 변하고 있다. 첨단 기술로 생활방식이 빨리 바뀌고 있다. 그리고 질병의 위험은 오히려 더 높아지고 있다.

주 예수님이 성경에서 우리에게 보여 주시는 것이 또 있다. 두 번째 방아쇠는 누가복음 21장 8-24절이다. 누가도 마태와 똑같은 것을 많이 기록하지만, 완전히 다른 측면을 보여 준다. 누가가 직접 목격했을 수도 있지만, 성령의 인도를 받아 다른 사람들로부터 정보를 얻었을 가능성이 더 커 보인다. 이렇게 성령이 우리에게 누가복음을 주셔서 더 폭넓게 보게 하신다.

누가복음 21장 8-11절은 마태복음 24장과 핵심은 같지만, 누가복음 21장 12절에서 주 예수님께서 그 예언이 우리 시대가 아니라 그 당시 시대에 대한 것이라고 말씀하신다.

> 이 모든 일 전에 내 이름으로 말미암아 너희에게 손을 대어 박해하며 회당
> 과 옥에 넘겨 주며 임금들과 집권자들 앞에 끌어 가려니와 (누가복음 21:12)

이런 일은 지금 일어나고 있지 않다. 그 당시에 일어났다. 그러므로 이 일은 이미 일어났다. 물론 오늘날에도 감옥에 갇혀 박해당하는 그리스도인들이 있지만, 회당에 넘겨진다고 하셨다. 오늘날에는 아무도 회당에 넘겨져 벌 받지 않는다.

이제 누가복음 21장 20절에서 강력한 말씀을 하신다.

> 너희가 예루살렘이 군대에 에워싸이는 것을 보거든 그 멸망이 가까운 줄
> 을 알라

이 일이 언제 일어났는가? 주후 70년에 일어났다. 그래서 이 예언이 어느 시대에 해당하는지 알 수 있다. 이 예언은 우리 시대에 대한 것이 아니다. 예루살렘은 2천 년 동안 우리가 아는 어느 군대에 둘러싸인 적이 없기 때문이다.

> 그 때에 유대에 있는 자들은 산으로 도망갈 것이며 성내에 있는 자들은 나
> 갈 것이며 촌에 있는 자들은 그리로 들어가지 말지어다 이 날들은 기록된
> 모든 것을 이루는 징벌의 날이니라 그 날에는 아이 밴 자들과 젖먹이는 자

들에게 화가 있으리니 이는 땅에 큰 환난과 이 백성에게 진노가 있겠음이로다 (누가복음 21:21-23)

이 구절이 이스라엘 땅과 이스라엘 백성에 대한 말씀이라는 사실에 주목하라. 전 세계적 환난 때에 대해 말씀하시는 것이 아니다. 이스라엘 땅의 한 시대와 이스라엘 백성에 대해 말씀하신다. 즉 유대인에 대한 말씀이다.

24절에서 "그들이 칼날에 죽임을 당하며"라고 말씀한다. 실제로 그랬다. 주후 132년에 수천 명의 유대인이 로마인들에게 죽임을 당했다. "모든 이방에 사로잡혀 가겠고." 실제로 그랬다. 몇 년이었는가? 로마가 유대인들을 주후 135년에 쫓아냈다. 바르 코크바가 주후 132년에 로마에 대항해 싸웠고, 3년 후에 로마는 유대인들을 예루살렘에서 쫓아냈다. 그뿐만 아니라 유대인은 예루살렘에 접근이 금지되어 이 구절이 정확히 성취되었다.

24절에서 이어진다. "예루살렘은 이방인의 때가 차기까지 이방인들에게 밟히리라." 언제 이방인의 때가 찼는가? 1967년 6월에 성취되었다.

두 예언이 정확히 성취되었다. 첫째로 20절에서 예루살렘이 군대에 에워싸일 거라고 하셨다. 주후 70년에 로마가 성전을 파괴할 때 그랬다. 그리고 주후 135년에 이스라엘의 봉기가 진압된 후, 유대인은 그 땅에서 완전히 쫓겨나 24절이 성취되었다. 주후 135년부터 1967년까지 예루살렘 성은 유대인의 것이 아니었다.

1967년에 6일 전쟁이 벌어졌을 때 나는 열네 살이었다. 그 당시에 전혀 믿음이 없었던 나의 아버지는 집에 들어오셔서 "이제 예수님이 재림하실 거야"라고 말씀하셨다. 나는 평생 그 밤을 잊지 못한다. 아버지가 예수님을 언급한 적은 그때가 처음이었다. 그날 밤에 라디오 방송에서 예루살렘이 2천 년 만에 유대인의 손에 들어왔다고 했다. 우리는 어안이 벙벙했다.

24절 후반부에 또 변화가 있다. 주 예수님이 "예루살렘은 이방인의 때가 차기까지 이방인들에게 밟히리라"고 하셨다. 실제로 그렇게 되었다. 그리고 25절에서 "일월 성신에는 징조가 있겠고 땅에서는 민족들이 바다와 파도의 성난 소리로 인하여 혼란한 중에 곤고하리라"고 한다. 25절이 이뤄지는 것은 아직 보지 못했다. 그런 일이 이제 일어나기 시작했다. 26-27절에서 말씀한다.

> 사람들이 세상에 임할 일을 생각하고 무서워하므로 기절하리니 이는 하늘의 권능들이 흔들리겠음이라 그 때에 사람들이 인자가 구름을 타고 능력과 큰 영광으로 오는 것을 보리라

여기서 주 예수님께서 놀라운 열쇠를 주신다. 바로 예루살렘이다. 오늘날 무엇 때문에 전쟁이 벌어지는가? 예루살렘이다. 세상은 예루살렘이 분할되어야 한다고 주장한다. 그러나 장담하건대, 주 예수님은 분할된 예루살렘에 재림하시지 않는다.

오늘날 뉴스에서 예루살렘이 분할되어야 한다고 주장한다. 그러

나 절대로 그렇게 되지 않을 것이다. 이스라엘의 전 정치인 아리엘 샤론Ariel Sharon은 시나이반도를 내주고 이집트와 평화 협정을 맺는 결정을 내렸다. 그러나 예루살렘은 내주지 않겠다고 했다. 그래서 예루살렘 주위에 유대인 정착촌들을 만들었다. 만일 지금 예루살렘을 이방인에게 내준다면 이스라엘에 내전이 발발할 것이다. 예루살렘을 둘러싸고 다른 도시들이 생겼기 때문이다. 정착촌들에 사는 수십만의 유대인을 옮길 수는 없다. 그랬다가는 2천 년 동안 전례가 없는 소요 사태가 일어날 것이다. 이스라엘에서 일찍이 본 적이 없는 유혈 사태가 일어날 것이다. 예루살렘은 절대로 분할되지 않을 것이다. 세상 사람들이 아무리 그렇게 될 거라고 믿고 원해도 될 수 없는 일이다.

구약의 스가랴 선지자는 마지막 전쟁이 예루살렘 때문에 일어날 것이고, 이스라엘의 적군 수백만 명이 죽을 것이라고 말했다. 우리는 1948년과 1967년에 있었던 흥미로운 역사를 알아야 한다. 1948년에 영국의 몽고메리 장군은 "이스라엘은 2주 안에 지도에서 지워질 것이다"라고 말했다. 왜냐하면 이스라엘의 60만 명으로 아랍권의 4천만 명을 상대해야 했기 때문이다. 이스라엘은 단 하나의 대포로 상상을 초월하게 많은 무기, 탱크, 비행기를 가진 다섯 개 군대와 싸워야 했다. 이스라엘에는 비행기가 몇 대 있었을까? 단 한 대였다. 비행기에 폭탄이 얼마나 있었을까? 하나도 없었다. 그래서 비행기에서 무엇을 투하했을까? 탄산음료 병들을 투하했다.

이집트의 탱크들과 싸우기 위해 탄산음료 병들을 사용했다. 적의 탱크들이 텔아비브로 다가오는데 막을 무기가 없어서 이스라엘 사람들은 한 대 있는 비행기를 공중에 띄우고 탄산음료 병들을 투하했다. 그러자 쉿~ 하고 떨어지는 소리가 났고 이집트의 탱크들은 폭탄인 줄 알고 도망갔다. 하나님은 탄산음료 병으로 전쟁을 이기셨다.

현실적으로 보면 불가능해 보이지만, 이스라엘은 살아남았고 아직도 존재하고 있다. 하나님께서 1948년에 기적을 행하셨고 이스라엘이 전쟁에서 이기고 나라가 되어 세계가 깜짝 놀랐다. 오늘날 통치 기름 부음이 어디 있는지 알고 싶은가? 통치 기름 부음이 이스라엘 나라에 있다.

1967년에 소위 6일 전쟁이 소련의 거짓말로 시작되었다. 소련은 자기네 무기가 미국보다 낫다는 것을 증명하고 싶었고 미국은 베트남전 때문에 고전하고 있었다. 그래서 소련은 시리아 정부에 이스라엘이 시리아를 공격할 거라는 거짓말을 했다. 그리고 전쟁이 시작되었다.

당시 이집트의 나세르 대통령은 만일 이스라엘이 시리아를 공격하면 이집트가 시리아를 방어하겠다는 협정을 맺은 상태였다. 소련은 이스라엘이 시리아를 공격할 거라고 나세르를 속였다. 나세르는 라디오 방송으로 전쟁의 북소리를 울리기 시작했다. 그 정보가 정확하지 않다는 사실을 나세르가 알았을 때는 이미 흥분한 이집트인들이 폭동을 일으키고 있어서 막을 수 없었다. 그렇게 해서 전쟁이 시작되었다.

그 결과 성경의 예언이 성취되었다. 하나님의 예언이 소련의 거짓말 때문에 성취되었다. "진실로 사람의 노여움은 주를 찬송하게 될 것이요"(시 76:10)다. 하나님은 이 땅에서 일어나는 일들을 놀랍게 사용하셔서 하나님의 말씀을 성취하신다.

1967년이 두 번째 방아쇠 역할을 하는 해였다. 그 후로 사람이 달에 갔고 첨단 기술이 폭발적으로 발전했다. 첫 번째 방아쇠인 1948년에 세계가 변화되어 우리 삶에 아직도 영향을 미치고, 1967년 이후 오늘날까지 우리 삶에 영향을 미치는 발전이 일어났다. 첨단 기술, 커뮤니케이션, 의학 분야 등이다.

## 앞으로 일어날 일들

첫 번째로 일어날 일은 극단적 기후 변화다. 기후 변화를 당신이 믿을 수도 있고 안 믿을 수도 있지만, 이사야서 24장 5-6절을 읽어 보자.

> 땅이 또한 그 주민 아래서 더럽게 되었으니 이는 그들이 율법을 범하며 율례를 어기며 영원한 언약을 깨뜨렸음이라 그러므로 저주가 땅을 삼켰고 그 중에 사는 자들이 정죄함을 당하였고 땅의 주민이 불타서 남은 자가 적도다

성경은 심판들이 임할 거라고 매우 분명히 말한다. 50킬로그램이나 되는 우박이 떨어질 것이다. 당신이 기후 변화를 믿든 안 믿든 상관없다. 중요한 건 성경이 앞으로 무슨 일이 일어날 거라고 언급한다는 것이다. 최근 들어 호주의 날씨는 역사상 가장 더웠고 49도까지 찍었다. 이런 현상이 전 세계에 일어날 것이다. 내 말의 근거는 과학자들이

아니다. 성경을 보면 그렇다.

> 넷째 천사가 그 대접을 해에 쏟으매 해가 권세를 받아 불로 사람들을 태우니 사람들이 크게 태움에 태워진지라 이 재앙들을 행하는 권세를 가지신 하나님의 이름을 비방하며 또 회개하지 아니하고 주께 영광을 돌리지 아니하더라
> 또 무게가 한 달란트나 되는 큰 우박이 하늘로부터 사람들에게 내리매 사람들이 그 우박의 재앙 때문에 하나님을 비방하니 그 재앙이 심히 큼이러라 (요한계시록 16:8-9, 21)

해가 열기로 사람들을 태우고 한 달란트, 즉 50킬로그램 무게의 우박이 떨어질 것이다. 그럴 때 사람들은 어떻게 할까? 우박 재앙 때문에 하나님을 비방할 것이다. 어느 지역에서는 해가 사람들을 태울 것이고 또 어느 지역에서는 사람들이 우박에 죽을 것이다. 이것도 기후 변화다.

나는 하나님의 말씀을 믿는다. 성경에 의하면 극단적 기후 변화가 일어날 것이다. 세계의 정부들이 기후 변화를 막거나 늦추기 위해 갖은 노력을 할지라도 기후 변화는 일어날 것이다. 사람이 만든 법이나 협정으로 하나님 말씀의 성취를 막을 수는 없다.

이제 이미 일어난 일을 살펴보자. 말레이시아는 현금이 없는 사회다. 더 이상 현금을 사용하지 않는다. 오늘날 전 세계에서 은행에 가는 사람이 몇 명이나 될까? 우리는 컴퓨터, 직불 카드, 휴대전화 앱으

로 거래한다. 게다가 전자 화폐와 비트코인으로 전환하기 시작했다. 비트코인의 정의는 이렇다. "온라인 암호 화폐의 하나로 블록체인 기술을 기반으로 만들어져 있다. 특징은 중앙은행의 개입이 없고 발행 총량이 정해져 있다."

몇 년 전에 남아프리카공화국에 갔을 때 쇼핑몰 사방에 기계들이 있었다. 무슨 기계냐고 물었더니 "디지털 현금" 기계라고 했다. 나는 "네?"라고 반문하지 않을 수 없었다. 지금 전 세계가 현금 없는 사회로 전환되고 있다. 이런 상황을 보고 깨달은 것은 지금이 짐승의 표가 막 나타나려 하는 시점이라는 것이다.

비트코인이 등장했고, 호주에서는 더 이상 여권을 사용하지 않는다. 모든 공항에서 안면 인식을 한다. 이제 호주에서는 얼굴이 여권이다. 안면 인식은 전 세계로 확산되고 있다. 미국에서는 공항의 보안 검색을 없애자는 의견이 나오고 있다. 코로나로 격리되었던 때를 생각해서 공항 보안 검색을 없애고 안면 인식으로 바꾸자는 것이다.

누가복음 18장 1-8절에서 예수님의 말씀을 보자.

예수께서 그들에게 항상 기도하고 낙심하지 말아야 할 것을 비유로 말씀하여 이르시되 어떤 도시에 하나님을 두려워하지 않고 사람을 무시하는 한 재판장이 있는데 그 도시에 한 과부가 있어 자주 그에게 가서 내 원수에 대한 나의 원한을 풀어 주소서 하되 그가 얼마 동안 듣지 아니하다가 후에 속으로 생각하되 내가 하나님을 두려워하지 않고 사람을 무시하나 이 과부가 나를 번거롭게 하니 내가 그 원한을 풀어 주리라 그렇지 않으면 늘 와서 나를 괴롭게 하리라 하였느니라 주께서 또 이르시되 불의한 재판장이 말한 것을 들으라 하물며 하나님께서 그 밤낮 부르짖는 택하신 자들의 원한을 풀어 주지 아니하시겠느냐 그들에게 오래 참으시겠느냐 내가 너희에게 이르노니 속히 그 원한을 풀어 주시리라 그러나 인자가 올 때에 세상에서 믿음을 보겠느냐 하시니라

나는 '내가 세상에서 믿음을 보겠느냐'라는 주님의 말씀이 늘 놀랍다. 나는 이 성경 본문을 보고 나서 인공 지능AI에 대해 읽었는데 컴퓨터가 혼자 공부해서 인간이 풀지 못하는 문제를 푼다고 한다. 나는 사이보그 기술에 대해 공부하는 중이다. 사이보그 기술이란 간단히 말해서 생물학과 첨단 기술을 융합하여 늙은 인간의 하드웨어를 전자 하드웨어로 업그레이드하는 것이다. 팔다리를 업그레이드하고, 눈을 업그레이드하고, 인간의 장기를 업그레이드할 수 있다. 어느 전문가는 인공 팔을 넘어서서 이제는 '디지털 문신'이 나왔다고 말했다. 이는 피부 밑에 마이크로칩을 내장하는 것이다. 애플워치를 피부 밑에 갖는 것과 같다고 한다.

이런 일은 언제 일어날까? 그렇게 할 기술은 이미 있다. 언제 상용화되느냐의 문제일 뿐이다. 적그리스도의 시스템은 이미 있고 시행되기만 기다릴 뿐이다.

사람들이 위험을 당하지 않도록 AI가 위험한 일을 맡는다고 한다. AI로 기후 변화 문제를 해결한다는 말도 있다. 우리 인간이 할 수 없는 연구를 기계가 할 수 있다. 전문가들에 따르면 인간을 위해 AI가

기후 변화 문제를 해결해서 기후 재앙이 닥치지 않게 할 것이라고 한다. 전 세계 기후에 대한 방대한 데이터를 처리해서 과거의 데이터에 근거해 기후를 예측할 수 있다는 것을 한번 상상해 보라.

변화가 빠르게 일어나고 있다. 이 책이 출간될 무렵에는 이 책의 내용 중에 이미 시대에 뒤처진 것도 있을 것이다. 매일 새로운 첨단 기술이 등장한다. 요점은 우리가 생각하는 것보다 적그리스도 시스템이 도래할 때가 가깝다는 것이다.

데살로니가후서 2장 3절에서 두 가지 징조를 보라고 한다.

1. 대(大)배도
2. '불법의 사람'(적그리스도)이 드러남

배도는 적그리스도 시스템이 완전히 지배하기 전에 일어날 것이다. 주위를 둘러보면, 오늘날 교회에 배도가 이미 시작되었음을 어렵잖게 볼 수 있다. 전처럼 복음을 설교하지 않는다. 십자가에 대해, 보혈에 대해, 성화에 대해, 회개에 대해 들을 수 없다. 모든 사람이 천국에 갈 거라는 보편구원론이 일반화되었다. 그러나 성경에 없는 믿음 체계는 진리가 아니다. 성경이 우리의 기준이다. 유다서를 보면 그 당시에는 사람들이 주 예수님이 하나님의 아들이심을 부인했는데, 우리는 이제 다시 믿음을 지키기 위해 싸워야 할 때가 되었다.

현재 우리는 사방에서 진리라고 하는 것들과 씨름해야 한다. 그런 얘기들을 점점 더 많이 듣게 되어서 심란하다. 어떤 사람들은 사랑이신 하나님은 사람들을 지옥에 보내지 않으실 것이므로 모든 사람이 천국에 갈 거라고 말한다. 그러나 우리는 성경으로 돌아가서 예수님 안에서 우리의 결말이 어떨지 생각해야 한다. 우리가 심판대 앞에 설 때 예수님이 뭐라고 하실까?

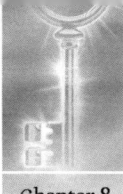

Chapter 8

# 당신의 승리를 인치는 열쇠들

　기도는 승리하는 삶과 강력하고 효과적인 사역의 문을 여는 마스터키다. 우리는 위험천만한 시대를 살아가지만, 속수무책이거나 절망적이지 않다. 우리에게는 기도가 있다. 하나님은 기도하는 신자들이 있는 곳에 계셔서 개입할 준비를 하시며 우리가 믿음으로 걷는 데 필요한 모든 것으로 우리를 무장시키신다. 누가복음 21장 36절에서 예수님은 기도는 우리 눈앞에서 펼쳐질 어려운 시대를 피하는 열쇠라고 하신다.

　이러므로 너희는 장차 올 이 모든 일을 능히 피하고 인자 앞에 서도록 항상 기도하며 깨어 있으라 하시니라

## 주기도문에 나타난 생존의 열 가지 열쇠

생존의 열쇠는 기도다. 주기도문에 모든 열쇠가 있고, 이는 예수님이 우리에게 주신 완전한 기도 형식이다. 제자들이 누가복음 11장과 마태복음 6장에서 예수님께 "우리에게 기도를 가르치소서"라고 하자, 성경의 가장 유명한 기도문에 담긴 가장 강력한 생존의 열쇠들을 주셨다.

### 열쇠 1

(영어로 보면) 주 예수님께서 "우리 아버지여"(마 6:9)라고 주기도문을 시작하신다. 하나님과의 관계없이는 강력한 기도 생활을 할 수 없다. 주님께서 '우리 아버지여'라고 시작하신 말씀이 매우 의미심장하고 큰 능력이 있다. 우리는 오직 성령으로 하나님 아버지와 개인적 관계를 맺을 수 있다. 로마서 8장 15절과 갈라디아서 4장 6절에서 성령께서 아바 아버지라고 하신다. 관계가 열쇠다. 첫 번째로 우리는 하나님 아버지와의 관계를 맺어야 한다.

오늘날 많은 신자가 이 관계를 잘 이해하지 못한다. 우리는 진실로 하나님 아버지를 아는가? 많은 사람이 아들 하나님과 성령 하나님에 관해 얘기하지만, 주 예수님께서 매우 분명히 말씀하셨다. 우리는 하나님 아버지와 관계가 연결되어야 한다. 이는 예수님을 통해 이루어진다. 하나님은 아무 관계도 없는 사람들의 기도를 듣지 않으실 것이다. 그러므로 우리는 하나님 아버지와 관계를 이루어야 한다.

**열쇠 2**

예수님께서 "하늘에 계신"(9절)이라고 하셨다. 이는 우리의 시민권이 어디 있는지를 의미한다. 우리는 천국 시민임을 알아야 한다. 우리에게는 영광스러운 시민권이 있음을 알고 기도해야 한다.

> 그러나 우리의 시민권은 하늘에 있는지라 거기로부터 구원하는 자 곧 주 예수 그리스도를 기다리노니 (빌립보서 3:20)

우리가 구원받는 순간 천국 시민이 되고 권리를 갖는다. 만일 당신이 미국인이라면 미국 시민으로서 권리가 있다. 우리는 천국 시민으로서 그보다 더 큰 권리를 갖는다. 천국 시민으로 정립되려면 땅과 단절해야 한다. 하늘을 바라보라. 바울은 골로새서 3장 2절에서 "위의 것을 생각하라"고 말했다. 위의 것을 사랑하면 땅과 단절된다. 계속 땅만 바라보고 땅에 속한 것만 바라보면 땅과 단절될 수 없다. 나는 세상이 주겠다고 하는 어떤 것에도 관심이 없다. 왜냐하면 그것은 땅에 집착하게 만들기 때문이다.

땅의 것들에 집착하는 사람들을 보면, 천국 시민권을 받아들이지 않았음을 알 수 있다. 하나님은 우리가 참된 천국 시민이 되기를 바라시며, 천국 시민은 땅의 일이 아니라 하늘의 일에 참여한다. 우리는 세상에 있지만, 세상에 속하지 않는다. 아주 단순명료한 사실이다.

> 그러므로 이제부터 너희는 외인도 아니요 나그네도 아니요 오직 성도들과

동일한 시민이요 하나님의 권속이라 (에베소서 2:19)

어떻게 땅과 단절할 수 있냐고 물으면 이렇게 대답하겠다. 당신이 가진 천국 시민권에 맞지 않는 수준 이하의 것들을 쳐다보지 마라. 이 생의 일에 참여하지 마라. 아주 간단하다. 사실 모든 사람이 어떻게 단절해야 하는지 다 안다. 그냥 세상을 몰아내고 문을 닫아라.

**열쇠 3**

예배를 쌓아야 한다. "이름이 거룩히 여김을 받으시오며"(9절)라고 하는 것은 찬양이다. 즉 예배의 세계에 들어가야 한다. 하나님 아버지와 관계를 이루고 시민권을 가져야 할 뿐 아니라 예배하는 삶이 되어야 한다.

**열쇠 4**

예수님께서 "나라가 임하시오며"(10절)라고 하셨다. 내 관심사보다 하나님의 관심사를 우선시해야 한다는 의미다. '나라가 임하시오며'는 내 삶 속의 악한 나라를 멸하는 것과 관련된다. 사탄과 어떤 식으로도 연결되면 안 되고, 육신과도 아무 관계가 없어야 한다. 그것을 내 삶에서 몰아낼 책임이 나에게 있다. 하나님 나라가 내 삶 속에 임해야 한다는 것이 '나라가 임하시오며'라고 주님께서 말씀하신 의미다. 하나님 나라가 어떻게 내 삶 속에 임하는가? 다른 모든 나라를 삶

밖으로 몰아내고 단절해야 한다. 나는 악한 영의 영향이나 세상과의 연결을 허락하지 않는다. 내 삶에 하나님 나라가 임하지 못하게 방해하는 모든 것에 문을 닫고 떠나야 한다.

더러운 것을 보고도 아무 문제없다고 생각하는 그리스도인들이 있다. 그러나 그것은 악한 영에 문을 열어 주는 것이다. 그 문을 닫아라. 악한 것을 시청하고 영혼의 창인 눈에 담으면, 어떻게 하나님 나라가 내면에 있겠는가? 성경적인 영화만 보라는 얘기는 아니지만, 세상적이고 마귀적인 영화나 불경건한 책이나 잡지를 읽지 마라. 당신의 눈과 언약을 맺고 '나는 이것을 시청하지 않을 거야. 나는 이것을 읽지 않을 거야. 나는 이것을 하지 않을 거야'라고 선포해야 한다. 몰아내고 문을 닫아라. 보편화된 인터넷 때문에 쉽지는 않겠지만, 적극적으로 실천해야 한다. 당신의 책임이기 때문이다.

**열쇠 5**

예수님께서 "뜻이 하늘에서 이루어진 것 같이"(10절)라고 기도하셨다. 이는 하나님의 말씀을 알아야 한다는 뜻이다. 하나님의 말씀을 모르고 하나님의 뜻을 알 수는 없다. 절대적으로 불가능하다. 예수님이 '뜻이 하늘에서 이루어진 것 같이'라고 말씀하신 것은 '너희가 하나님의 생각을 알아야 할 때다. 너희가 하나님이 계시하신 뜻, 즉 성경을 알아야 할 때다"라는 의미다. 하나님의 생각과 뜻을 알면 온전히 간구할 수 있다.

**열쇠 6**

예수님께서 "오늘 우리에게 일용할 양식을 주시옵고"(11절)라고 기도하셨다. 응답되는 기도를 하려면 (1) 하나님을 알아야 하고, (2) 내 시민권을 알아야 하고, (3) 예배를 알아야 하고, (4) 하나님 나라 안에서 살아야 하고, (5) 하나님의 생각과 뜻을 알아야 한다. 오직 그럴 때만 나의 간구를 들으신다. 그래서 그다음에 예수님께서 "오늘 우리에게 일용할 양식을 주시옵고"라고 기도하셨다. 즉 올바른 관계, 올바른 시민권, 올바른 예배, 내 삶 속의 하나님 나라와 하나님의 말씀이 있으면 간구를 올릴 수 있다.

빌립보서 4장 6절에 따르면 당신에게 무엇이 필요한지 하나님이 자세히 알고 싶어하신다. "아무것도 염려하지 말고 다만 모든 일에 기도와 간구로, 너희 구할 것을 감사함으로 하나님께 아뢰라." 바울이 '모든 일'이라고 한 것은 하나님께 자세히 간구하라는 의미다.

그런데 대부분 누구에게 기도하는 것인지도 잘 모르면서 간구부터 하고 본다. 앞에서 말한 열쇠들이 삶에 있어야 한다. 주 예수님께서 순서대로 기도하신 이유가 있다. 모든 것이 순서대로 제대로 되지 않으면 간구할 수 없다는 말씀이시다. 앞의 열쇠들이 제대로 된 다음에 하나님께 간구하라.


**열쇠 7**

하나님이 들으시도록 간구한 후 예수님께서 "우리 죄를 사하여 주시옵고"(12절)라고 기도하셨다. 이것은 매우 강력한 말씀이다. 용서만이 간구가 응답되게 한다. 간구한 후 응답받기 위해 용서하라. 용서하지 않으면서 응답받으려고 하지 마라. 아무리 간절히 기도해도 주님의 말씀대로 하지 않으면 소용이 없다.

### 열쇠 8

예수님께서 "우리를 시험에 들게 하지 마시옵고"(13절)라고 기도하셨다. 용서받은 후에 해방되면 다시 그 죄를 짓지 않게 된다. 아직 자유로워지지 않아서 죄를 자백한 후에도 다시 계속 자백하면 안 된다. 주기도문의 순서대로 하면 참으로 해방된다. 하나님을 모르고, 자신의 시민권을 모르고, 예배하는 삶을 일구지 않고, 지금까지 말한 원칙들에 헌신하지 않으면 어떻게 해방될 수 있겠는가? 온전히 순종하지 않으면 절대로 해방될 수 없다. 하나님께 온전히 순종하겠다고 결단하지 않으면 여전히 옛 나라에 살고 있는 것이다.

### 열쇠 9

예수님께서 "다만 악(또는 악한 자)에서 구하시옵소서"(13절)라고 기도하셨다. 이 기도에 능력이 있어서 마귀의 술책에서 해방되고 마귀를 대적할 수 있다.

그런즉 너희는 하나님께 복종할지어다 마귀를 대적하라 그리하면 너희를

피하리라 (야고보서 4:7)

**열쇠 10**

예수님께서 "나라와 권세와 영광이 아버지께 영원히 있사옵나이다"(13절)라고 기도하셨다. 이렇게 찬양으로 기도를 마친다. 감사하고 찬양하고 우리의 기도를 들으심으로 인해 하나님의 이름을 송축한다.

이 열 가지 전략적 열쇠들이 당신을 안전하게 지켜줄 것이고 장수하게 할 것이다. 삶에서 승리할 열쇠들을 당신에게 주었으니 이제 기름 부음의 비밀에 대한 가르침을 마무리하겠다. 당신은 필요한 모든 것을 가졌고, 배운 것을 잘 사용하면 그리스도의 능력과 당신 안에 있는 그리스도의 기름 부음으로 이 험난한 시대에도 승리할 수 있다.

## 기름 부음의 비밀이 계시되다

기름 부음의 비밀이 이제 계시되었다. 이 진리들이 당신을 영광스럽고 높고 새로운 차원으로 인도할 것이다. 장비가 없으면 큰 건축을 할 수 없다. 이제 당신은 하나님의 목적을 이루는 강력한 삶을 살고 기름 부음이 있는 능력의 사역을 세울 장비들이 있다. 기름 부음이 차이를 만든다.

매일 하나님과 친밀히 동행하는 의미 있는 삶을 일구기 바란다.

이것이 이 메시지에서 가장 중요한 기반이다. 이제 당신은 하나님이 당신 안에 주신 무한한 잠재력을 열 열쇠들을 가졌다.

기름 부음의 비밀이라는 주제가 얼마나 폭넓고 깊은지 알게 되었다. 당신은 이 책 제목을 처음 보았을 때 흥미진진했을 것이다. 하나님의 기름 부음이 당신의 삶 안과 삶 위에 더 크게 나타나기를 진심으로 갈망하기 때문이다.

이 책을 통해 하나님의 기름 부음과 높은 곳에서 임하는 능력을 이해하게 되었고 불이 붙었을 것이다. 여기서 배운 것을 간직하여 적용하고 나아가서 순수하고 인격적인 하나님의 임재와 능력에 더 깊이 들어가고, 하나님의 귀한 기름 부음이 끊이지 않고 흐르기를 기도한다.

능히 너희를 보호하사 거침이 없게 하시고 너희로 그 영광 앞에 흠이 없이 기쁨으로 서게 하실 이 곧 우리 구주 홀로 하나이신 하나님께 우리 주 예수 그리스도로 말미암아 영광과 위엄과 권력과 권세가 영원 전부터 이제와 영원토록 있을지어다 아멘 (유다서 1:24-25)

아멘 주 예수여 오시옵소서 (요한계시록 22:20)

| 주 |

## Part 1 삶을 위한 기름 부음

### Chapter 1 기름 부음의 비밀

1. C. H. Spurgeon, The Treasury of David: Containing an Original Exposition of the Book of Psalms; a Collection of Illustrative Extracts From the Whole Range of Literature; a Series of Homiletical Hints Upon Almost Every Verse; and Lists of Writers Upon Each Psalm, vol. 1 (London: Robert Culley, 1870), 402.

## Part 2 사역을 위한 기름 부음

### Chapter 2 능력 기름 부음은 성장하고 증가한다

1. "Intro: Prayer," Life Church Bradford, January 6, 2019, https://www.lifechurchbradford.com/intro-to-prayer/.

## Part 3 예언의 기름 부음

### Chapter 6 통치 기름 부음에 대한 계시

1. "The Goose" (Jan Hus), Lutheran Press, accessed January 4, 2022, https://lutheranpress.com/the-swan/.

2. "I Felt My Heart Strangely Warmed," Journal of John Wesley, accessed January 4, 2022, https://www.ccel.org/ccel/wesley/journal.vi.ii.xvi.html.

3. John Wesley, "Free Grace. A Sermon Preached at Bristol," Evans Early American Imprint Collection, accessed January 4, 2022, https://quod.lib.umich.edu/e/evans/N03 929.0001.001/1:4?rgn=div1;view=fulltext.

4. Joe Iovino, "God Is With Us: Blessing the Dying and Those Who Grieve," UMC.org, accessed January 4, 2022, http://ee.umc.org/what-we-believe/god-is-with-us- blessing-the-dying-and-those-who-grieve. 211.

5. Randall Herbert Balmer, Encyclopedia of Evangelicalism (Waco, TX: Baylor University Press, 2004), 128.

6. Albert B. Simpson, "A Missionary Cry," Hymnary.org, accessed January 4, 2022, https://hymnary.org/text/a_ hundred_thousand_souls_a_day.

7. Charlotte Elliott, "Just as I Am, Without One Plea," Hymnary.org, 1790, https://hymnary.org/text/just_as_i_ am_without_one_plea.

8. Billy Graham, "What's 'the Billy Graham Rule'?," Billy Graham Evangelistic Association, July 23, 2019, https:// billygraham.org/story/the-modesto-manifesto-a- declaration-of-biblical-integrity/.

9. Richard Roberts, He's a Healing Jesus (Tulsa, OK: Oral Roberts Evangelistic Association, 2013).

10. Ernie Keen, "'Only God Can Heal' Oral Roberts Tells Souls Crusade Audience Here," Tulsa World, February 22, 2019, https://tulsaworld.com/archive/only-god-can-heal-oral-roberts-tells-souls-crusade-audience-here/article_249d4428-8edc-523c-a73e-afe23f8bb54a.html.

11. Also the title of a book by Richard Roberts, about his father (Tulsa, OK: Albury Publishing, 1996).

12. Evelyn Roberts, His Darling Wife, Evelyn: The Autobiography of Mrs. Oral Roberts (New York: Dial Press, 1976).

13. "Alpha Rex Emmanuel Humbard (1919–2007)," Encyclopedia of Arkansas, accessed January 4, 2022, https://encyclopediaofarkansas.net/entries/alpha-rex- emmanuel-humbard-4530/.

14. Michael Pollak, "Rex Humbard, TV Evangelist, Dies at 88," New York Times, September 23, 2007, https://www.nytimes. com/2007/09/23/us/23humbard.html.

15. "Alpha Rex Emmanuel Humbard," TVDays, accessed January 4, 2022, https://www.tvdays.com/rex-humbard.

16. "Faith & Support," Rex Humbard Foundation, accessed January 4, 2022, https://rexhumbard.org/faith-support/.

## Mysteries of the Anointing

Copyright ⓒ Benny Hinn 2022

Originally published in English under the title: *Mysteries of the Anointing*
Published by Charisma House, 600 Rinehart Road, Lake Mary, Florida 32746, USA
All rights reserved.

Korean Translation Copyright ⓒ 2024 by Pure Nard, Seoul, Republic of Korea
This Korean edition was published by arrangement with Charisma House.

이 책의 한국어판 저작권은 Charisma House와의 독점 계약으로 순전한 나드에 있습니다.
저작권법에 의해 한국 내에서 보호받는 저작물이므로 무단 전재와 무단 복제를 금합니다.

# 기름 부음의 비밀

초판 발행 | 2024년 11월 05일
2쇄 발행 | 2025년 6월 12일

지 은 이 | 베니 힌
옮 긴 이 | 김주성

펴 낸 이 | 허철
책임편집 | 김은옥
디 자 인 | 이보다나
총    괄 | 허현숙
인 쇄 소 | (주)프리온

펴 낸 곳 | 도서출판 순전한 나드
등록번호 | 제2025-000033
주    소 | 경기도 부천시 원미구 길주로347, 305호(중동)
도서문의 | (032)327-6702
홈페이지 | www.purenard.co.kr

ISBN 978-89-6237-394-3  03230